谨以此书献给我挚爱的三位儒家学者同仁

（无论他们承认与否）

千孟思和戴梅可

多年来他们给我的生活带来许多快乐

以及

乔安·罗思文

她赋予了我生命的意义

山东省儒学大家工程专项经费资助项目

山东省社科理论重点研究基地
孔子研究院中外文明交流互鉴研究基地成果

"孔子研究院翻译中国"系列

反对个人主义

儒家视角下对道德、政治、家庭等基础的再思考

Henry Rosemont Jr.

[美]罗思文◎著

章晓英　张　振◎译

ZHEJIANG UNIVERSITY PRESS
浙江大学出版社
·杭州·

图书在版编目（CIP）数据

反对个人主义：儒家视角下对道德、政治、家庭等基础的再思考/
（美）罗思文著；章晓英，张振译. --杭州：浙江大学出版社，2023.4
（"孔子研究院翻译中国"系列）
书名原文：Against Individualism：A Confucian Rethinking of the
Foundations of Morality, Politics, Family, and Religion
ISBN 978-7-308-23361-3

Ⅰ. ①反… Ⅱ. ①罗… ②章… ③张… Ⅲ. ①儒家－个人主义－
研究 Ⅳ. ①B089②B222.05

中国国家版本馆CIP数据核字(2023)第047085号
Published by agreement with the Rowman & Littlefield Publishing
Group through the Chinese Connection Agency, a division of Beijing
XinGuangCanLan ShuKan Distribution Company Ltd., a.k.a Sino-Star.

浙江省版权局著作权合同登记图字：11-2021-052

反对个人主义：儒家视角下对道德、政治、家庭等基础的再思考
[美]罗思文 著 章晓英 张 振 译

责任编辑 黄静芬

责任校对 田 慧

装帧设计 周 灵

出版发行 浙江大学出版社
（杭州市天目山路148号 邮政编码 310007）
（网址：http://www.zjupress.com）

排 版 杭州林智广告有限公司

印 刷 杭州高腾印务有限公司

开 本 710mm×1000mm 1/16

印 张 13

字 数 193千

版 印 次 2023年4月第1版 2023年4月第1次印刷

书 号 ISBN 978-7-308-23361-3

定 价 55.00元

总序

中西文化之间存在着旷日持久而且贻害无穷的不对称关系。今天，如果走进中国的一家书店或图书馆，我们可以发现，从西方引进的很多图书，老的、新的，都能被找到，翻译质量大多很高。求知若渴的中国读者是推动这种图书出版的持续动力。然而，走进西方的一家书店或图书馆时，我们却发现，中国最杰出的思想家的书，无论是什么时代的，都很难找到。

为什么？情况怎么会这样？最初，中国经典文本的英文翻译是由传教士们做的；通过他们的眼光，这些经典文本被转化为一种具有基督教祷告文性质的东西。走进西方的书店和图书馆可以发现，《易经》《论语》《道德经》《庄子》等中国哲学文化经典著作，被摆放在猎奇的"东方宗教"类书架上，而不是在令人肃然起敬的"哲学"类书架上。

走进西方国家的高等院校可以看到，中国哲学一般不是归属在"宗教学"就是归属在"亚洲学"；哲学系一般是不教中国哲学的。如果用盛酒器具"觚"来比喻中国哲学和文化的这种情况，那么正如《论语》所说："觚不觚，觚哉！觚哉！"

另外，19世纪中期之后，欧美的教育体制——大学、学院及其课程，都被一股脑儿地引进到中国、日本、韩国和东南亚等东亚文化中；"现代性"语言被移植到白话文中，促进亚洲文化对自己的传统实行"理论化"，贯穿这些理论的基本是西方的概念结构。随之而来的是西方和东亚文化都出现的一种情形，即"现代化"被简单地等同于"西方化"，而儒家文化则以"陈旧保守""僵化教条"为理由，被关在门外。欧美的教育体制被引入东亚文化的结果，是人们对"儒家"这个词的价值认识的改变。人们认为，儒家的价值无非是亘古不变的经句，是通过背诵而学的、族长制的、等级制的，是一种仅属于过去的传统罢了。西方的过程哲学家怀特海称孔子为"使中国停滞不前的人"；在中国环境里，"儒学"在年轻人之中也不是那么受关注的词。

这是我们今天所处的历史节点，是我们必须将其作为行动起点的地方，可是只经过了一代人的发展，亚洲国家尤其是中国已崛起，世界的政治和经济正在发生空前的格局性变化。随之而来的是不是也将有变动的世界文化秩序？儒家哲学的内涵价值及教育制度，对新世界文化秩序来说堪称重大利好，可我们怎样才能改变今天人们对"儒学"的误解？我们该怎样去对中国人和西方公众讲述儒学经典的重要意义？我们该怎样应对把儒家文化全盘抛弃、把"现代化"等同于"西方化"的挑战？

中国当代哲人赵汀阳敏感地意识到了不对称的中西文化比较研究的不良影响。这种影响一直存在，并在潜移默化中影响了人们的思想。赵汀阳劝诫中国与外国学者，要"重思中国"[①]。在这方面，由山东省儒学大家工程和孔子研究院支持的"翻译中国"立项后，我们双管齐下，启动了两个项目，旨在应对中西文化不对称现象的不良影响。

第一个翻译项目（"翻译中国Ⅰ"）是将当代极为杰出的中国学者的著作翻译为英文后出版，把这些学者的思想介绍给西方学术界。我们组织了与我们志同道合的翻译团队参与到这项共同事业中来。在向西方学术界介绍当代中国杰出思想家的宏伟事业中，我们开始做出自己的贡献。我们已多次举办以选择杰出思想家学术著作和探讨有关出版事宜为议题的会议，并开始进行这些著作的中译英工作。

我们的译者队伍具有外语能力和哲学素养，能够胜任高标准的英译出版工作。我们向纽约州立大学出版社推荐，由我和华东师范大学德安博牵头，制订了出版一套"翻译中国Ⅰ"丛书的计划。到目前为止，我们从众多优秀学者中选出有待翻译（或者已经决定翻译）其著作或有关其思想的作品的学者，包括李泽厚、徐复观、陈来、张祥龙、赵汀阳等。

① 赵汀阳：《天下体系：世界制度哲学导论》，北京：中国人民大学出版社，2011年，第1页。

第二个翻译项目（"翻译中国Ⅱ"）是将过去已有中译本的我和罗思文的中西比较哲学与儒学著作重新翻译并出版（这些过去的译本的质量可能不够理想），当然也包括对我们的新作进行翻译出版，同时选择其他一些西方比较哲学家的著作，进行翻译出版。本书是我们团队所做的针对不对称中西文化不良影响的"翻译中国Ⅱ"系列的第三本。

我和罗思文一直致力于中西比较哲学阐释学研究。我们以比较哲学阐释方法，开辟新视野，纠正百年来以西方哲学文化为尊的对中国思想文化的不对称解读，消除误解，消除隔阂，增进相互理解。我们的大部分著作已被译为中文并出版。遗憾的是，现有中文译本出于欠缺比较哲学专业视角等原因，存在错讹过多与晦涩难懂的问题，给中文读者带来了阅读困难。此次重新翻译出版我和罗思文的比较哲学与儒学著作以及其他西方哲学家的著作，目的正在于着力提高中文译本的可读性，便于中文读者理解我和罗思文等人的中西比较哲学阐释方法，把握中国思想传统在中西比较哲学阐释视域中更为恰当的形象。

被遴选为"翻译中国Ⅱ"项目作者的其他西方比较哲学家，同样具有相当深刻的思考。他们认为，中西文化的不对称状况及其发生的根源，是以西方现代性理念解读中国并将其理论化、概念化的传统做法。这些学者已然投身到消除误读儒家哲学的不良影响的事业中，他们要让这古老哲学文化传统讲述自己的思想，发出自己的声音。为了提高"翻译中国Ⅱ"译作的质量，我们邀请、组织了具有中西比较哲学背景、英语能力较强的学者翻译团队，通过互鉴比照翻译与阐释结合的途径，向中国读者介绍中西比较哲学家视野中的中国思想与文化。

"翻译中国"是一项宏大的工程；这是项目启动后的第一个四年，我们正在起步。

安乐哲

田辰山　译

序言

在旧的基础上重建一个新社会是行不通的。

——约翰·斯图尔特·密尔[1]

　　这本书的缘起是当今世界面临的贫困、不平等、环境退化、仇恨、暴力等问题，在资本主义经济体制内，这些问题可能很难得到妥善解决。在基于竞争的资本主义社会中，必然会产生输赢，当赢家赢得更多的时候，赢家会减少，而输家则会增加。在过去两百年里，我们对地球的巨大资源储备进行开发利用，蛋糕不断变大，以至于我们忽略了赢家和输家的对立关系。但如今，人口与资源的关系正变得日益紧张。如果在将来，饮用水变得稀缺，并遵循着资本主义的逻辑进行分配，那么很多人都会死于干渴，越来越多人会因"买不起"而忍受空气污染、病痛和饥饿，相关的罪恶也会滋长。[2]

　　更糟糕的是，竞争并不是一个能够为社会带来和平与稳定的理念。在有限的物质资源条件下，竞争不能带来更多的物质财富，因为当人们发现出路有限时，人们的心灵也会变得麻木。倡导竞争需要强有力的道德意识

---

[1]　Mill, John Stuart. *Dissertations and Discussions*. Boston: Adamant Media Corporation, 2000, p. 57.

[2]　已有许多文章讨论过这些潜在的悲剧，其中很多存在于贾雷德·戴蒙德的著作中。参见：Diamond, Jared. *Guns, Germs, and Steel*. New York: W.W. Norton & Company, 1999.

形态的支撑[1]，这种意识形态起源于启蒙时代，崇尚人类自由、自主和理性个人（有时也崇尚自利），在此基础上形成了相应的道德、政治和法律体系，以维系资本主义经济制度。

我在这里不仅要挑战一种不公正、日益低效、破坏环境的经济秩序，以及维系这种经济秩序的意识形态，还要挑战这种意识形态对人们心理和精神的桎梏。作为社会契约者，人们相互独立，互不相干，在财富增长中备受煎熬。人们日益滑向彼此不相关的状态，正如诗人豪斯曼所说："我，在一个我从未创造过的世界里，是一个陌生人，担惊受怕。"[2]

但这种意识形态已经在我们的心中根深蒂固，除了从个人主义的角度去思考，在道德上、经济上、政治上，尤其是在心理上，我们都无法找到替代的思路。出现这种情况的一个原因是，我们很难跳出资本主义的框架去思考问题，因为这种意识形态相信，在资本主义社会中，若不成为自主的个体，人就只能成为极权制度中一个毫无个性的个体。

随着资本主义全球影响力的日益泛滥，个人主义的意识形态也随之漂洋过海，遍及全球。美国在贸易协定等多个领域发挥了主导作用，推动着资本主义的全球化传播。在文化领域，物质主义风气变得更加普遍，每个国家的精英越来越多地表现出跨越国界的共性，与他们本国的其他成员产生了割裂。而资本主义正处于盛行阶段，我们很难听到批评之声。也许，这个制度在任何情况下都不可能发生根本的变化，只要这种占主导地位的意识形态的核心未受到挑战，人们甚至都不可能会认真思考变革的问题。

我写这本书的目的是挑战西方固有的一些观念。我想明确，认为人类的本质是自由、理性、自主的个体自我的观念是错的，并且是有害的：它对自由的崇尚是以牺牲社会公益为代价的。一个可能的解决办法是，重新接受西方世界一直以来都抱有偏见的集体主义。我们可以基于当代的语境来解释和发展早期儒学中的角色人概念。我认为，儒家会为人类对自己的认

---

① "意识形态"经常带有贬义，我打算在这里采取这个用法，但我也不总指涉其负面色彩。一个人需要一个完整的信仰体系，以便使其在道德、政治和社会世界中的行为能够自洽，这就是一种意识形态。如果意识形态不存在，那么除了自利，还能找到什么行为的出发点呢？

② Houseman, Alfred Edward. *Last Poems.* New York: Henry Holt & Co., 1922, Poem xii.

识提供很多智慧。对人有什么样的认识，就会有什么样的道德观念，进而影响我们的道德体系和社会体系。反过来，如何发展我们的道德直觉，在很大程度上取决于我们自己的个性（我们已经拥有的特定的道德直觉），以及我们的文化因素，这与价值观优先级相关。因此，如果我们希望使世界成为一个不同的、比现状更人道的"地球村"，我们首先要做的就是去发展一种不同的、更人道的意识形态，这种意识形态与现有制度的意识形态是不相容的。

总的来说，这是一本哲学书，但也涉及政治、社会等方面，对当代中西政治、社会、文化运动、法律、媒体等议题也有许多论述。从写作之初，我的写作目的就很明确。

另外，我想让这本书也能够面向普通读者，而不仅仅是哲学界同行。所以，我将在最大限度地保证学术文献和文体标准的情况下，尽量避免使用具体的哲学引语和典故以及专业术语。第一章是个例外，在这一章中我将探讨当代西方哲学和中国哲学，并在这个框架下，概述本书所使用的词汇、方法、描述方式、分析和论证。在第二章中，我将谈及伦理学及其本质，以及为什么需要在全球范围内推广伦理学。[①] 此外，对中西哲学更加具有技术性的探讨将放在脚注部分，以使行文更加流畅。

在第三章中，我在描述层面对个体自我进行检视，并发现其存在的不足。第四章中也有关于个体自我概念的相似观点。也就是说，我将先指出为什么以及个体自我的概念如何相当于灵魂的概念，其后进一步指出以下观点的错误性：因为我们需要程序性的人权、民主或正义等观念，所以应该视人类为一个个孤立的自我。

第五章的主题是个人主义的逻辑延伸以及自由意志主义。只要不否定人作为自主独立自我的存在，自由意志主义就难以得到反驳。概括地讲，我将指出，在政治与法律中越崇尚自由，社会公正就越容易受到伤害。

---

① 在我看来，一种真正的道德不能在具有普遍性的角度上被认可。考虑一下"全球伦理"大会工作组关于这个名称本身的简介："来自欧洲和美国的参与者倾向于接受普遍主义和全球语言，而来自非洲、亚洲和南美的参与者则倾向于对这种语言保持警惕。"参见：Report of the Organizing Committee on Global Ethics. Lukenya, Kenya, 28 January 2009.

　　然后，受古代儒家思想的启发，我将在第六章中提出另一种关于人类的认识，即不把人看作独立的个体，而把人看作从根本上相互关联的角色扮演者，他们生活在这些角色中。第六章将从角色伦理的角度阐述这一替代概念。第七章专门讨论家庭，因为家庭是人们初步学习角色扮演和实践的地方。在讨论过程中，我将结合当代西方的伦理见解，并反对性别歧视、父权制等论点，以补益早期的儒家观点。我认为这些观点有足够的包容性，可以在不扭曲任何一方意思的情况下顺利地结合西方背景进行扩展。在遥远的未来，家庭仍将是东西方社会的必要社会单位，"家庭价值观"必须得到重新排序。换句话说，我坚持认为，建立在家庭观念基础上的伦理角色是跨文化伦理研究的首选。

　　第八章是简要的叙述。首先，我将探讨以人为中心的信仰体系可能的模样，没有超越性、神性或不朽的灵魂。然后，我将讨论礼仪在孔子时代和今天的性质和作用。角色道德的精神性对虔诚的不可知论者或是无神论者都具有开放性，儒家的角色道德没有任何形而上学和神学上的要求，和当代物理或生物学也没有任何冲突。在第九章中，讨论又将回到家庭生活中信仰和礼仪层面的角色人，重点关注人们对死者和生者的关怀。

　　第十章讲述了家庭之外的故事。首先是精神上的，然后讨论角色人如何思考贫困、报应和恢复性正义等问题，最后总结角色伦理在促进跨文化道德对话中的地位。在整个过程中，我反对主张权利的自由自主的个人，并支持承担角色、相互关联、负责任的（因而受此赘累的）人。当然，我对个人主义立场带有偏见，但个人主义受到了超过两百年的拥戴，也不需要我的任何助力。在很多时候，我将坚定地坚持儒家观点，但我不希望自己被视为一个辩护者。因此，推崇儒学不是我的目的，我的目的是用孔子的观点来冲击我自身的文化背景，来帮助我们解放思想，设想一个具有竞争性的资本主义之外更好的世界。

致谢

我首先要感谢布林莫尔学院的迈克尔·克劳兹。迈克尔是列克星敦出版社"哲学和文化身份"丛书的编辑，他邀请我提交本书的一些早期材料，并要求将本书作为该丛书的第一卷予以出版，这些都让我在创作本书的过程中感到十分愉悦。我十分感谢他在本书创作过程中给予我的鼓励，以及他对我创作的肯定和善意。我的写作风格不太正统，我对此有些担心，但它得到了才德高尚的哲学家的认可，这给予了我信心。

我三位亲爱的同事和朋友阅读了我的初稿，并给予了我大量的建设性意见，我对他们无私的指正深表谢意。他们是加利福尼亚大学伯克利分校的戴梅可、德堡大学的千孟思，还有我的挚友——夏威夷大学的安乐哲。在过去的许多年里，我从他们身上学到了很多，本书的出版也有他们的很大功劳。

我要感谢罗曼，以及罗曼和利特菲尔德出版社的杰娜·霍奇斯·克鲁克和她的助手卡利·沃特斯。他们的帮助、理解和耐心使我的写作变得更顺畅。他们也认真倾听了我提出的建议，对此我十分感激。伊桑·范斯坦对本书的校对有很大的贡献，他在参考文献、索引上的努力也让本书更加具有可读性。

最后，我要感谢我的家人，他们也在写作方面给予了我很多帮助。我的妻子乔安始终是我最好的编辑，她的校阅让本书可以尽早面世。我的女儿康妮·罗思文帮助我完成了很多我不擅长的电脑录入工作。康妮的女儿，我的外孙女，也给予了我很多协助，她刚在厄瓜多尔完成了为期一学期的海外学习。我的家人让我深信，一个有爱的家庭对人们来说是十分有帮助的，这也是我在本书中所提出的主张。

目 录

第一章

绪　论

万物由来已久。

——伊塔洛·卡尔维诺①

这本书涉及多个领域，旨在解决多重问题，探究问题的方式也常常会显得有些怪异。因此，从本书一开始我就有义务为读者提供额外的背景资料，以便他们能够了解我如何看待和践行中西哲学，我将如何深入这个领域，以及我为什么以这种方式继续下去。

本书的内容之一是早期儒学。事实上，有很多与之相关的参考文献，但它们大多是以西方哲学史为背景的，或基于早期儒学的当代意义，我就从这个绝佳的起点起笔吧。分析哲学已不是当前英语国家哲学界的主流，但我受训于分析哲学，这是我个人的学术视域，也正因如此，我未能将包括美国实用主义、欧洲大陆哲学在内的其他流派囊括在本书中。我希望本书能够更加深刻全面，但很遗憾，我未能包罗以上诸多学派。②

---

① Calvino, Italo. *If on a Winter's Night a Traveler*. New York: Everyman's Library, 1993. 原书中，有些直接引文未标注页码，译著中参照原书。

② 从某种程度上来讲，我可以说安乐哲正在将角色伦理与杜威及他人的功用主义联系起来。早些时候，郝大维、安乐哲的《先贤的民主：杜威、孔子与中国民主之希望》将儒家学说与杜威一同进行了讨论，参见：Hall, David L. and Roger T. Ames. *The Democracy of the Dead: Dewey, Confucius, and the Hope for Democracy in China*. Chicago & La Salle: Open Court Publishing Company, 1999. 安乐哲之前的学生（现在是教授）陈素芬也有一本扎实的著作：《儒家民主：杜威式重建》。参见：Tan, Sor-hoon. *Confucian Democracy: A Deweyan Reconstruction*. Albany: SUNY Press, 2004. 在培养自由自主的个人意识形态、自然状态、社会契约和理性选择理论等方面，分析传统比其他传统更复杂，这些都有助于孤立的人计算自己的利益，这就是当前我要批判的。

分析哲学

我和其他几位学者对过去几个世纪的分析哲学在理解上有些分歧。就我的观点而言，近些年来一些范式变得日益引人注目。"语言学的转向"[①]在内容与形式上都在发生许多变化，神经系统学家、心理学家及其他领域的学者纷纷参与到人类意识层面的研究中。我认为，其中最重要的一个变化是人们逐渐意识到人类对知识的不断探寻就像在追寻一个幻影。理查德·罗蒂的《自然哲学和镜子》[②]为这一转向的起点，并对其产生了很大的影响，但这并不是这一转向的唯一起点。我在对分析哲学进行细致入微的研究时发现，基础主义在这一转向中的作用日渐显现。与此同时，由于比较哲学家对非西方哲学的深入研究，基础主义哲学的说服力也逐渐衰减。这些比较哲学家从非西方哲学中获得了更加成熟的启发，他们的著作证明，独立于语言和文化来完美描画世界真相的行为是徒劳的。我会在后面对比较哲学进行更多探讨。在这里我想说，我们一方面放弃了思维终极根源研究；另一方面，对几乎所有的外来哲学论述，又一直无法提出难以辩驳的赞同或者反对的论点。我们需要理解二者如何并且为何同时发生。

不得不说的是，多数分析哲学家并没有或没有试图去证明基础主义的不适用性，他们中的很多人甚至还声称自己已证实了基础主义的适用意义。现在我们需要梳理一下哲学界中对这一问题的探讨与反证，以帮助我们客观全面地认识该领域的发展。

我们先来探究一下20世纪的学者对数学基础和数学本质所进行的研究。形式主义（代表人物如大卫·希尔伯特、威廉·阿克曼）、直觉主义（代表人物如鲁伊兹·布劳威尔、阿伦特·海廷）和逻辑主义（代表人物如弗雷格、罗素、怀特海）的局限性为数学的研究提供了基础。但这是经过几十年时间，在对每一种理论都经过详细阐述、挑战和辩护之后才得以确定的。这三个流派的哲学家都对数学的本质提出了见解，但都没有为这门学科奠

[①] 这是理查德·罗蒂选集的题目。参见：Rorty, Richard. *The Linguistic Turn: Essays in Philosophical Method.* Princeton: Princeton University Press, 1979.

[②] Rorty, Richard. *Philosophy and the Mirror of Nature.* Chicago: University of Chicago Press, 1971.

定基础。这些研究都遇到了理论本身似乎无法解决的问题，因此从来没有就数学的终极基础或数学对象的性质达成一致（但现在也没有达成一致）。数学家们甚至仍旧在这样继续推进他们的工作，似乎对学科"无基础的状态"毫不关心[1]。

我们再来探究一下基于经验主义和实用主义的观点。威拉德·奎因认为，关于宇宙的存在可能存在许多观点，这些观点大多至少会声称一致，但彼此互不兼容，且无法凭现有的证据和论证予以证明。[2] 奎因还认为，认识论不是一门独立的学科，而是心理学的一个分支[3]，他的观点是一个循环认证（不是恶性的）[4]。他还致力于（在很大程度上）消除一种观点，即所谓的"分析性"陈述和"综合性"陈述之间的差异是独立于文化和语言环境事物的本质存在[5]。换句话说，奎因的结论是："我们现在都是本地人。"这是其他哲学家少有的结论，但人类学家很久以前就开始这么说了。

细致的分析性研究在无意中推进了哲学学科的发展，使它再次普遍接受了"知识即合理的真实信念"的定义，尽管这些努力并不能解释埃德蒙·葛梯尔在一篇简短论文中所提出的反例。[6] 而在我看来，这些用于回应葛梯尔反例的大量作品不是白费心血，因为葛梯尔迫使哲学家重新思考：一个普遍接纳的证明是否应该因为一个反例或一组类似的反例而被否定，以及为什么。同样需要从方法论的角度来思考的是，什么时候把符号逻辑的形式工具运用到分析中是恰当的，什么时候用自然语言来处理是不恰当的。

我认为，与这些和其他基础主义者的转向紧密相关的是，人们在分析哲学文本时减少了对"理性"这个词的使用（通常它们的修饰语是"纯"/"纯

① Korner, Stephen. *The Philosophy of Mathematics*: *An Introductory Essay*. Atlantic Highlands: International Humanities Press, 1971.
② Quine, Willard. *From a Logical Point of View*: *Nine Logico-Philosophical Essays*. New York: Harper Torchbooks, 1963.
③ Quine, Willard. *From a Logical Point of View: Nine Logico-Philosophical Essays*. New York: Harper Torchbooks, 1963: 83.
④ 彼得·希尔顿在他的《斯坦福哲学百科》中说："奎因的自然主义是没有根基的。"参见：Hylton, Peter. *Stanford Encyclopedia of Philosophy,* Spring, 2014 archive.
⑤ "经验主义的两个教条"。参见：Quine, Willard. *From a Logical Point of View : Nine Logico-Philosophical Essays.* New York: Harper Torchbooks, 1963.
⑥ Gettier, Edmund. "Is Justified True Belief Knowledge?". *Analysis*, 1963: 23.

粹"）。在很多时候，"合理"和"合理性"取代了"理性"的使用，"合理"这个词在一定程度上允许人们将更多情感带入审议过程。纯粹理性不会让我们把直觉主义、逻辑主义或形式主义当作数学的基础，但这三种理论都是非常合理的理论，无论一个人可能接受哪一种理论，在很大程度上都足以证明它是最不违背直觉或是最难以反对的，奎因的认识论观点也可以接受这种考证。虽然我们将继续使用葛梯尔的例子，但它不应该过度地干扰其他正在进行的与认识论相关的哲学研究。作为逻辑学家，我们必须承认"所有的 p 都是 q"确实与"这里的 p 不是 q"相矛盾。但在我们的许多哲学努力中，仍然有人认为，合理的真实信念是对知识的有效定义，并非所有的反例都能说明问题。这些都是非常合理的假设，就像罗伯特·布兰通在他的注释中明确否定葛梯尔时所做的那样。他说，就他自己的认识论分析而言，"合理的真实信念"就是对"知识"的充分定义。[1]

同样，当代分析哲学中的另一个相关趋势是对信仰和信仰体系的合理性进行检验，研究论证模式在这些信仰和信仰体系的表述中所使用的方式，加里·古汀[2] 就做过这样的研究。尼古拉斯·雷彻在他的近作《难题：面对不一致时的理性思考》中也做出了类似的分析[3]，即分析如何调和一系列似是而非的前提问题，这些前提各自声称其正确性，但放在一起并不协调一致。

这些观察——以及许多其他可以引证的观察——不应被认为是在暗示广义的分析哲学不过是认知相对主义的一个元论证。然而，这些观察确实有力地表明，知识的基础很可能是找不到的，而且在任何重要的哲学问题上，人们总可能会采取或维持不止一种合理的立场、信念或信念体系（换句话说，由于对奎因的另一种认同，理智的人很可能会对给他们变量的赋值产生分歧）[4]。彻底的相对主义是一种相当不适宜坚守的立场，因为如果理性

---

[1] Ariès, Phillippe, et al. *A History of Private Life, Volume 5.* Cambridge, MA: Belknap Press/Harvard University Press, 1998, p. 675, n.1.

[2] Gutting, Gary. *What Philosophers Know*: *Case Studies in Recent Analytic Philosophy.* Cambridge: Cambridge University Press, 2009, pp. 240-242.

[3] Rescher, Nicholas. *Aporetics: Rational Deliberation in the Face of Inconsistency.* Pittsburgh: University of Pittsburgh Press, 2009.

[4] Quine, Willard. *From a Logical Point of View*: *Nine Logico-Philosophical Essays.* New York: Harper Torchbooks, 1963, p.15.

的标准可以进行任意变化，那么所有的立场都是同样站得住脚的。而信念或信念体系的多元化不仅可能，而且似乎极有可能，当我们从形而上学和认识论转向道德哲学时，就能更清楚地看到这一点，这也是第二章的主题。

跨文化视野中的儒家思想

虽然本书的主要内容不是关于比较哲学或跨文化哲学的研究，但其中包含了很多关于比较哲学的内容，包括我多年来学习古典儒学经典时获得的新知。我会提出一些观点，作为对《论语》和其他早期儒家经典的优化解读。同时，我会积极倡导这些思想在当今世界的应用。本书所推介的《论语》及其相关著作都是我个人认为的佳作。作为一名研究儒家思想的哲学家，我同样会力荐儒家学说，这是我的另一个任务。因此，我也会介绍中国学语境下的比较哲学，以帮助包括汉学家在内的读者熟悉我所做研究的背景。我还会介绍其他一些前面未说明的假设，正文中不再赘述。

撇开细微差别不谈[1]，研究非西方哲学和宗教著作的内容（而不是它们的起源、文献学/词源学、历史等）有两种基本方式。第一种方式是在西方哲学遗产概念的历史和当前发展中，寻找经典文本之间的基本相似性，这也是迄今为止最常见的方式。"这些文本在多大程度上为困扰我们的哲学问题提供了答案？"这是常用于非西方经典的元问题。

然而，其他一些哲学家更多地借鉴了西方哲学史的多样性，而非延续性，并认为非西方的哲学并不能完美嵌入西方哲学的框架。他们更倾向于思考："这些经典文本可以在多大程度上启发我们提出不同于西方哲学的问题？"换句话说，我们应该基于文本的本意去理解非西方文本，而不是用我们自己的术语去理解这些文本。就我个人而言，我发现这些不同类型的问题不仅有助于我的翻译工作，而且帮助我从不同的角度去看待自己知识的发展历程。我发现我过去的知识并不像我之前认为的那么包罗万象，它受

---

[1] 但这些细微差别不应被忽视。史蒂夫·安格尔曾探讨过跨文化语境下道德传统方面的优缺点。参见他在《中国早期伦理学》中的文章《渐进的进步：道德传统、现代儒学和比较哲学》。我认为，他在论证中国的"新儒家"学说时尤为犀利，他富有见解地用儒学理论对西方价值进行了批判。

到了文化的限制。

然而，两者的相似之处和不同之处都可能发生冲突。例如，倪培民在强调儒家思想中个人修养的重要性时曾警告道：

> 即使是那些坚持认为西方主流哲学与儒学之间存在差异的人，也倾向于以理智的方式解读儒学。结果，在很多情况下，儒家思想被西方主流哲学接受得越多，它本身的意义就越少。具有讽刺意味的是，那些将儒家思想推向这一方向的人，都会有意识或无意识地认为他们是在帮儒家的忙。①

可见，向读者介绍一种具有特殊性的儒学可能有助于之后的理解——当代学者可能会试图寻找一种一劳永逸的结论，以"通货紧缩式"的真理理论反驳相应、务实、连贯或语义的理论，从而试图了解高度相似的内容是如何在一个或多个非西方传统中被概念化的。当然，其他学者可能会以类似的方式研究不同的主题：正义、美、逻辑、人权、上帝的存在和参照理论，以及当前西方哲学所关注的几乎所有主题。

从17世纪早期来到东亚和南亚的传教士开始，直到今天，许多具有比较主义倾向的学者就开始以这种方式来处理非西方经典了。这些比较主义学者大多是各自领域中的杰出学者。例如，利玛窦非常娴熟地掌握了汉语技巧及其实践，他不仅详细地学习了经典著作，而且背诵了许多经典。这种方法取得了一些成效，在给予"他者"某种他性的同时，还不至于导致其客体化。跨文化地寻找相似点而不是不同点，会使对方变得不那么具有"他者"属性。②

戈特弗里德·威廉·莱布尼茨追随利玛窦，对中国思想进行解释，这个博学的德国学者到今天仍是备受赞赏的跨文化哲学开创者。两个世纪以来，他几乎是唯一一位认真对待中国思想道德、政治的西方主要哲学家，并在

---

① Ni, Peimin. *"Gongfu*: A Vital Dimension of Confucian Teaching." In *Confucius Now: Contemporary Encounters with the* Analects, edited by David Jones. Chicago & La Salle: Open Court Publishing Company, 2008.

② 我认为，关于利玛窦最佳的著作是史景迁的《利玛窦的记忆之宫》。参见：Spence, Jonathan. *The Memory Palace of Matteo Ricci.* London: Penguin Books, 1985.

1716 年完成了他的鸿篇巨制《中国自然神学话语》，这一年也是他生命中的最后一年。我们仍可以从这部作品中了解到很多东西——莱布尼茨的论证模式及其对政治的关注，其作品反映了 17 世纪的欧洲学术环境。我们不禁反思：为什么莱布尼茨在罗马的"礼仪之争"中坚决为利玛窦的"求同"立场辩护？①

我们不应该抱着了解中国的基本哲学传统的目的去阅读它。但无论我在本书中的解释能为读者提供什么见解，它们都是源自一种对宇宙学、伦理和灵性的阐释，这种阐释不涉及全能造物主、不灭灵魂和超验领域，也不需要与基本物理定律或生物学等常见的话语主题相冲突的信仰。莱布尼茨完全配得上他在西方哲学先贤祠中的地位，但由于他的西方价值取向，他不应被视作一位研究中国古代知识的历史学家。

用特定的现代西方哲学问题进一步阐释非西方经典，而非试图以最为本土的方式去理解它们，这一方式让我们回到了以真理通缩理论来支持论点的学术探究。

任何声称在非西方文献中发现的真理概念或理论，如果要在哲学上发挥作用，就不应（must not）与我们自己的理论或概念有太大的不同②：中国传统天文擅长观测和预测，但是其宇宙理论对当代天体物理学家来说没有多大价值。自 18 世纪以来，真理的概念及其相关理论一直与形式逻辑、语言和语言学联系在一起："是真"和"是假"是陈述句的谓语。因此，现代哲学对真理理论的考察重在概念集合（见第二章），包括有效性、句子（与词相对）及其哲学推论、陈述和命题，以及语义、外延、内涵等其他几个概念。

在我阅读的早期儒家经典中，并没有出现当代意义上的"真理"概念，包括"真理"这个词本身，因此我认为，今天西方哲学家所关注的"真理"概念在这些经典中并不存在。进一步说，没有任何关于真理的理论可以被认为是孔子及其早期弟子提出的。

---

① Cook, Daniel J. and Henry Rosemont Jr. (translators). *Leibniz: Writings on China*. Chicago & La Salle: Open Court Publishing Company, 1994. 关于礼仪之争的内容可见于此。

② 这几页内容来源于我发表的关于真相的几篇文章中，载于《汇流：世界哲学电子杂志》。

在像《论语》这样记载孔子及其学生简短对话的文本中，完全没有"这是真的"这样的说法，这听起来有点让人觉得匪夷所思，但事实确实如此。这又是怎么一回事呢？ ①

这一现象的背后是一个不言而喻的前提，即人类语言的基本功能是描述和解释我们生活的世界（科学对这一取向具有重要的决定性）。我们用语言来陈述事实。如果一种文化主要把语言看作一种传递信息的工具，那么它需要一些术语来辨别所传递的信息准确与否，如此一来，"真"和"假"这两个词就很好地实现了它们的功能。

但是，如果我们注意到语言的使用是一种社会实践，那么我们就可以更容易地理解不同文化背景下语言基本功能的不同。在我看来，《论语》中的孔子是在用语言指导实践，而非描述事物。他并不太关心他的学生是否知道，而是关心他们如何知道，知道什么，以及知道如何去做。他的关注点在于让他们以特定的方式行动和做出反应，并对他们的行为和处境有特定的动机和应对方式。一个特别清晰的例子体现在《论语》中。当孔子的学生冉求和子路问他该如何尽孝道时，孔子给出了相互矛盾的答案，当第三个学生问他为什么给出如此矛盾的答案时，他回答说："冉求畏缩不前，所以我鼓励他进取；子路胆子大，所以我提醒他退让些。" ②

此外，他不仅致力于影响行为，而且着力培养对这种行为的正确态度和感情，因为他坚持认为，仅仅为父母提供物质上支持的行为并不是尽孝，狗和马也可以得到一样多的物质。孔子质问道，仅仅对父母进行物质支持而不尊敬他们，这种行为与饲养狗和马的行为又有什么区别呢？

以这种方式看待人类语言的基本功能，这并不奇怪，因为当我们不去思考哲学问题，不去询问"这是真的吗"的时候，我们常常会说一些并不描述客观事实的话，比如"心急吃不了热豆腐"；或者前一天对一个人说"活到老，学到老"，第二天又对另一个人说"老狗学不了新把戏"。这种取向使

---

① 关于这些问题详细的回答参见：Rosemont, Henry Jr. *A Reader's Companion to the Confucian Analects*. Honolulu: University of Hawai'i Press, 2014, Chapter 9.

② 所有出自《论语》的引语都来源于我和安乐哲的翻译《〈论语〉的哲学诠释》。参见：Ames, Roger T. and Henry Rosemont Jr. (translators). *The Analects of Confucius: A Philosophical Translation*. New York: Ballantine Books, 1998.

我们不仅注意我们所讲的内容，而且往往更重要的是，给予语境同等的重视，在这种情况下，我们可以评价我们所讲的内容、对谁说以及何时说是否恰当。尽管古汉语中没有与"真"或"假"相近的词，但古代汉语中有一个词——"义"，它可以被解释为"恰当的"，不恰当的就是"不义"。① 子曰："君子耻其言而过其行。"（《论语》14.27）"人而无信，不知其可也。"（《论语》2.22）"先行其言而后从之。"（《论语》2.13）

在注意到中国与西方的差异后，用"真"这个词去解释《论语》的相关内容是我们理解孔子的一个方法。这也提醒我们，"真"在英语中也不是只有一个意思，无论是在西方传统上还是今天的日常使用中，"真"都经常被用于表示"真诚、真实、有效、承诺、接近、美德"等相关意思。中世纪的绅士会向他的准新娘表示他的荣幸，而准新娘则会向他"保证她的至真至诚"。

我们也许可以谨慎地认为，在早期的儒学中存在关于"真理"的概念。但这一概念并不是关于真理的理论，也不是今天逻辑学和哲学理论的语言和思想。我们必须着眼于我们自己文化中的日常和道德生活，用中国人自己的术语，以一种新的（或非常古老的）眼光来充分理解中国人。

在本书的其余部分，我会经常使用这种叙述模式，这也是我一直以来进行比较哲学研究的方式。我将尽可能清晰地呈现中国，从而使它成为我们认识自己的一面镜子。我相信，角色伦理是对《论语》的最好解释，但我更加期待其他比较学者能够找到更好的解释路径。我和安乐哲做过很多探讨。② 本书不会谈论太多关于角色伦理的内容，这些内容可以在安乐哲的新作——《儒家角色伦理学：一套词汇》中找到。③ 但即使我们都错误地将角色伦理概念归于早期儒学，我也还是会坚持我的主张，即挑战个人主义并推广角色伦理思想。我可以把书名改为《角色伦理：用另外一种方法研究对

---

① 互动也是一样的。
② 具体来说，我们不相信当前儒家思想的多数内容可以作为一种美德伦理经受住时间的考验。现在，关于儒家学说的很多著述沿用的是美德传统，而美德伦理有个前提条件，即个人主义。我在全书中都在否定个人主义，这也是我没有引用这些论述的原因。有很多作者对早期儒家思想的特定层面做出了富有见解的评论，我们可以在脚注中找到一二。
③ Ames, Roger T. *Confucian Role Ethics: A Vocabulary.* Hong Kong: The Chinese University of Hong Kong Press, 2011.

早期儒学经典进行创造性误读的道德哲学》。我将在下一章的概念中更多地探讨用中国哲学术语（而不是西方哲学术语）解释经典的重要性。

我曾认为经典儒学缺少个人主义的概念。有一些比较学者曾否定过我这一早期的论断。他们认为我指出了儒学的不足，或者只是专注于术语研究而忽略了实质内容。然而，恰恰相反，我一直认为，个人主义概念是儒学的一个长处；我也认为我们应当密切关注术语研究，因为对语言的密切关注是分析哲学的根本特征。[①] 但是我承认，有时被人误解是有部分原因的。当我第一次在《玛丽·博科娃致赫伯特·芬格莱特的文集》中明确"角色人"的概念时，我给"个人"这一概念留了一些空间。[②] 在此之后，我才得出结论，良善的人和社会不需要任何现代西方意义上关于"个人"的概念。本书的研究也得出了同样的结论，但它是反思的成果。

现在，我要对这部分做一个简单的总结。有些人可能不太敢用"西方"来指代古希腊及其衍生哲学，但很少会有人不敢用"非西方"去指代另外四分之三人类的智力成果。无论是好是坏，"西方"和"非西方"相辅相成，而本书会在需要时使用更加准确的术语。

论证的模式

本书的中心论题是自我和身份等与基本个人主义相关的问题和概念，目前我还没有用太多的笔墨去探讨它们，但这一内容的确需要占据大量篇幅。任何基于孤立、自由、独立、理性和自主去定义个人主义的行为都存在一种风险，会造成人类的道德滑坡，因此任何珍视正义的人都不能接受。

[①] 一个例子来源于海纳尔·罗茨的《轴心时期的儒家伦理》。参见：Roetz, Heiner. *Confucian Ethics of the Axial Age: A Reconstruction under the Aspect of the Breakthrough Toward Postconventional Thinking.* Albany: SUNY Press, 1994. 信广来（Kwong-loi Shun）在《早期儒家思想的人之概念》（"Conception of the Person in Early Confucian Thought"）一文中讨论了术语和实质问题。参见：Shun, Kwong-loi. "Conception of the Person in Early Confucian Thought." In *Confucian Ethics: A Comparative Study of Self, Autonomy, and Community*, edited by K.L. Shun and D.B. Wong. Cambridge: Cambridge University Press, 2004. 想要查阅更多术语内容，请参见该文2.4"概念集群"（concept-cluster）。

[②] Bockover, Mary (editor). *Rules, Rituals and Responsibility: Essays Dedicated to Herbert Fingarette.* Chicago & La Salle: Open Court Publishing Company, 1991.

我知道，若将个人主义者归为一个群体，他们中的许多人会对群体归类感到不满，但我也没有丝毫的不安。我十分希望我的论述、举例、类比与修辞能够让读者们重新思考私己这一概念，并开始认真思考我的论述，思考独特的儒家角色伦理。

西方科学史表明了这一进程。即使对上帝来说，建立否定的存在命题也是十分困难的，对凡人来说更不可能，因为要证明这一点，就需要检验宇宙中的一切，然后才能证明求证是完整的。要证明"没有独角兽"，首先要调查宇宙中的一切，以保证检验到的一切物质都不是独角兽。然后，在得出世间没有独角兽的结论时，必须说明一切都已经被检视过了。但是这怎么可能？西方科学的发展历程充分说明了这一现象：

> 至今化学家们也没有证明燃素的不存在。燃素是一种被认为有助于解释燃烧的非重要物质。人们首先质疑关于燃素存在的观点，接着提出了对燃烧的更好、更全面的解释，然后就不再用燃素去解释燃烧了。同样，天文学家托勒密也逐渐放弃了"等点"的概念。托勒密选择了转向（或进一步支撑）哥白尼范式。类似的事情也发生在物理界，爱因斯坦在关于相对论的论文中，主张要对迈克尔逊－莫雷的实验结果做出不同的解释，并基于此来证明"以太风"并不妨碍光速。"以太风"不再具有解释力，所以就没有必要再坚持"以太风"的假设了。①

我的第二个论证模式不是通过无休止的演绎来证明我的论断，尤其是关于个体自我的论断。正如我一开始所说的那样，越来越多的人能够理解哲学论据，但在逻辑以外的哲学中，那些最细节的哲学主张是很难被理解的，对它们的反驳也同样不好理解（对这种情况的认识在分析哲学中产生了一些有趣的新观点）。此外，我认为仅仅依靠逻辑推理来证明我的论断不会有太好的效果。读者们可能难以接受我的观点，因为我的很多论断与一些西方哲学的假定直接冲突，也与资本主义意识形态相违背。本书特别着墨于我关于"自我"的认识（第三章），以及个人主义的规范形式（第四章）。

---

① Bynum, William F., Browne Janet and Roy Porter. *Dictionary of the History of Science.* Princeton: Princeton University Press, 1982.

如果读者因本书而受到启发，并开始怀疑一个"个体自我"意味着什么，那么我会感到十分欢欣鼓舞。从本体论和认识论的角度来看，作为一种规范性概念，基本个人主义并不完美。为了让读者反思，我还必须详细地论证另一种观点，以取代"个体自我"的概念。这种概念的含义更加丰富，也较少有解释上的困难和政治道德上的不良影响。

我之所以详述我的论证模式，是因为我还有一个考虑，即中西哲学经典的呈现之间存在差异。在西方哲学中，解释和证明是主流的哲学形式；而在中国哲学中，叙事和规范才是主流。当然，中西哲学中都存在这四种形式，只是我们不应忽略中西哲学在这方面存在的差异。

我的著作中有很多直接引语，这与一般的哲学类著作不同。我的考虑是，作者的原文常常比我的解释更加简洁明了。更重要的是，对直接引语的使用，可以让读者自行判断我的引用是否恰当。

我也会尽力引发读者的内省，以便检视个体自我的概念。我希望，读者不是被动地接受我的论断，或直接觉得我和他人不同。这种模式在西方哲学作品中不常见，但也有不少。

笛卡儿的"我思故我在"就是一个例子。他的推理很好，很严密，但这个论证并没有因为笛卡儿不能怀疑他在怀疑这个事实而变得有力。该论点的吸引力来自：我们每个人都不太愿意说"我可以怀疑我在怀疑"，因为它听起来非常像一个矛盾的论述，或者是胡言乱语。此外还应该指出，只有在假定思考（或怀疑）是一种自觉活动的前提下，笛卡儿和其他许多人得出的结论才具有说服力。如果没有这样的假设，我们所得到的结论就是怀疑的继续存在。因此，笛卡儿的论证最终是循环的，只有已经在这个循环中的人和愿意进入这个循环的人才能接受这个观点。这又与奎因的观点相契合。

休谟也曾以这种方式论证，明确地启发读者进行思考与内省，而这种内省导致他"总是偶然发现某种知觉，或另外一种知觉……"，却从未经历自我。[①] 事实上，我发现，如果我们未涉猎到广泛的哲学主张，我们也许

---

① 下面将进一步提供参考资料并进行讨论。

会认为"你自己试试"这句话在西方哲学中并不常见，然而，自苏格拉底开始，这句话在西方哲学史上就十分普遍了。如果我们想理解石匠向尤西弗罗提出的问题，或者想理解美诺，我们就必须设身处地，将我们摆在尤西弗罗或美诺的位置上思考：当我们形容某物神圣或良善时，这个神圣或良善意味着什么，而这个神圣或良善是否可以被教导。

行文至此，我将不时建议我的读者在面对更加宽泛的论断时，要有一个与我类似的反应。当我认为个人的改变比一成不变更重要的时候，我就会建议我的读者，要像我一样，在结婚后一定要觉得自己和以前的那个自己不一样了。如果有人反对说，"他错了，我觉得结婚和单身并没有什么不同"，那我也没什么好说的。有了这样的回答，我觉得也没有什么办法可以让他相信"他自结婚后已经发生了重要的改变"。

这种哲学论证的风格也广泛地存在于分析传统本身的核心中。这里有一个例子，它与摩尔一直以来的一个主张有关。在 1910 年至 2011 年的伦敦莫利学院的演讲中，摩尔专注于认识论的确定性，尤其是休谟的怀疑论观点，他认为，由于感官知觉是我们所能体验到的一切，因此我们永远无法知道独立于我们经验而存在的物质存在。[1] 简而言之，摩尔认为，如果休谟的原则是正确的，那么摩尔就不可能知道他手中拿着的铅笔是存在的。他指出，双方都会认同这个前提条件的正确性。用摩尔自己的话来说：

> 因此，如果我要证明我确实知道这支铅笔的存在，我就必须以某种方式来求证休谟的原则，去证明其中的一条或两条都是不正确的。我可以用什么样的方法，用什么论证来证明这个呢？在我看来，事实上，下面这个论证思路是最好的：我知道这支铅笔的存在；但如果休谟的原则是正确的，我就不可能知道这一点。因此，在休谟的原则中，其中的一个或两个都是不正确的。我认为这个论点确实很有力，很好，是可用论证中最好的一个：我认为它的确是结论性的。[2]

---

[1] Moore, George Edward. *Some Main Problems of Philosophy.* New York: Colleir Books, 1953.

[2] Moore, George Edward. *Some Main Problems of Philosophy.* New York: Colleir Books, 1953, p.136.

休谟和他的支持者们当然肯定了这个前提，因此也肯定了这个结果，他们采用了论证的推理模式。摩尔也像休谟所说的那样，认可了前提条件，但他接着又否认了结果，通过确认他知道铅笔的存在来得出结论：前提必然是假的——也就是说，根据休谟的原则，其中必有一或二为假。两个论点在逻辑上都是有效的，并且都肯定了前提条件的正确性。

一开始，摩尔似乎只是用最糟糕的方式提出了这个问题，但他还有更多话要说。他指出，如果休谟的原则是正确的，那么可以肯定，摩尔和观众中的任何人都不可能知道铅笔的存在。摩尔非常详细地分析了所知和它的确定性。我们可能会也可能不会接受前提，并由此得出结论。但撇开细节不谈，摩尔的争论应归结为他是否会更加确定休谟的原则是正确的——因此他可能不知道铅笔的存在，或者更加确信他知道在他的右手中有一支铅笔。他坚持认为，他对前者的确信永远不会超过后者，因此他的论点是说得过去的。但很明显，只有当我们自己重新演绎摩尔的论点时，它才说得过去。这是一个非常有力的论点，但除非亲身演绎，否则我们无法知道这个论点有多有力。如果它有效，我们就开始走出怀疑认识论的世界了，那个从休谟论点中产生的外部世界。换句话说，我们必须在读完休谟和摩尔的论著之后，自己拿起铅笔去求证。

最后，就像古希腊人一样，我也认为除了可靠的案例，修辞在哲学的论证和类比中也占有一席之地。许多哲学主张都可以通过直接的描述和论证来加以阐述和辩护，但有一些哲学主张则在本质上存在着诸多问题。有些观点往往很难提出清晰的例证，比如那些偏离既定观点的观点、反思性的观点、高度抽象的观点，或论述者想要推翻的预设的观点（或这四种观点的某种结合）。在后面的章节里会有更有意思的内容。彼得·赫肖克所代表的全球依存概念认为：

> 我们所认为独立于我们存在的对象只是一种习惯性的函数关系模型。这相当于一种本体论的格式塔转换，因变量和自变量被转换为第一次序的事实，因变量与自变量之间的关系被转换为第二次序的事实，而关系性则被视为终极事实。传统上，所有个体都是对这种函数

关系模型的抽象。[1]

我相信，赫肖克现在已经很好地解释了自己。我也同样相信，有许多人最初并不会理解赫肖克试图联络他们的"看"（想象）世界的方式，它确实需要一个"格式塔转换"。通常，对象是很容易被看到、被想象到，或是同时被看到和被想象到的，在这种情况下，格式塔转换的实现就会非常容易。但正如他所说，有时候，事物或者事物的关系是很难被看到或想象出来的，在这种情形下，这个转换将变得十分困难。

我对这些内容的启蒙并不仅仅源自我在佛学和儒学领域长达四十余年的教学经历，赫肖克的佛学主张对我也很有助益。他的主张与我的一个论断十分相似，即人类只有被置于关系中才能够被充分理解，所以最好从"角色的集合"这个角度去理解人。这些角色关系中的绝大多数都只是个人关系，比如，我是老亨利·罗思文和莎莉·罗思文的儿子；有些是因制度而建立的关系，如米勒德·菲尔莫尔是美国第十三任总统；有些是因个人的角色定位而存在的，如作曲家霍格卡·迈克尔谱写过《星尘》，约吉·贝拉是 20 世纪 50 年代纽约扬基队的接球手。当一个人所有的角色都被明确时，它们的相互关系也都得到描述，那么这个人就一定会得到定位，成为一个独一无二的存在。我们由此拼凑出了一个自主、理性、不受束缚、利己的个体自我。当然，没有人会直接接受这种说法，因为这意味着需要立即追问："如果没有个体自我，谁来扮演这些角色？""人类的核心在哪里？""成为小亨利·罗思文的必要条件是什么？"而这些问题并不需要成熟的哲学思辨。

我将在第三章中讨论这个问题，我可以用类比的方式来做出一个简短的回答。人就像一个桃子，果皮是我们公开以示众的部分，果肉则是我们的身体、个性以及人生经历。还有就是果核，这是我们自己本身，它历久而稳定，既是我们生理层面的种子，也是我们精神层面的萌芽。如果从这个角度去理解"人"，就会有一个重要的问题："谁在扮演这个角色？"但我们也可以把人视作一个洋葱，洋葱的皮可以一层一层地剥开，就像剥开人

---

[1] Hershock, Peter. *Buddhism in the Public Sphere: Reorienting Global Interdependence*. New York: Routledge, 2006, p. 147.

的一个个角色一样，首先剥开的是儿子，然后是丈夫、父亲、祖父等角色，继续一层一层地剥，这一层层就是朋友、学生、老师、同事、邻居等角色。那么剥到最后剩下什么了呢？什么也没有了。

总之，那些视人如洋葱的人即使不接受我和赫肖克所阐释的儒家思想，也一定更易理解我们的观点。而视人如桃子的人，大概会比视人如洋葱的人更难接受我们的学说。这样看来，类比（和修辞）在论证中也是很有用的。让我们继续在这种元哲学的背景下，把注意力转向伦理学的研究。

第二章

全球语境下的伦理

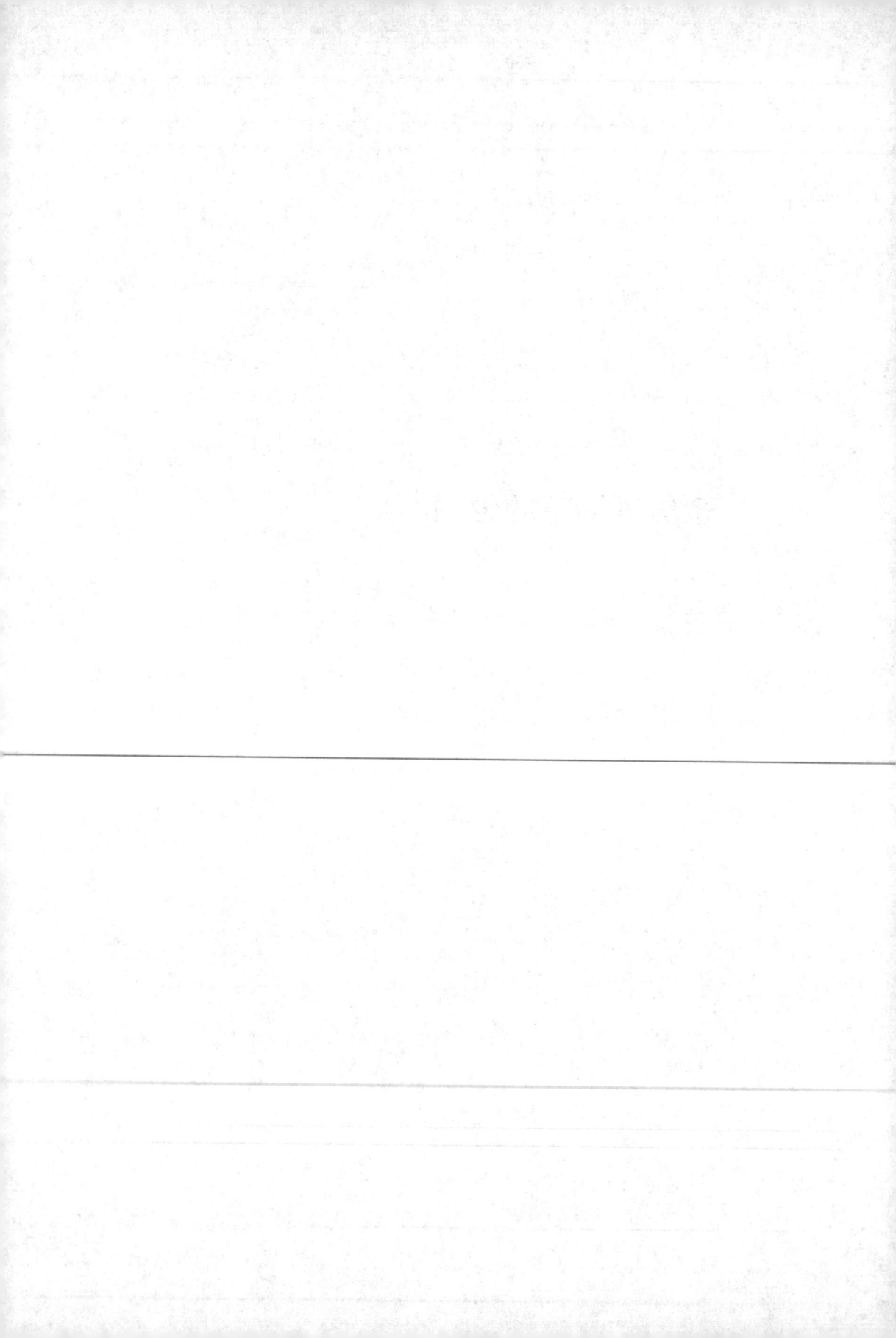

先温饱而后知德行。

——贝尔托·布莱希特①

伦理多元主义

我在对哲学的讨论分析中谈及形而上学、认识论和其他哲学问题时，只限于论证的合理性而不涉及理性的不可反驳性。这一情形在当代伦理研究领域更加突出。就像形而上学和认识论研究一样，伦理研究也涉及信仰和信仰体系的哲学研究，而且并不少于前者。

它们有着不同的研究路径。一个关于知识的理论，或关于数学本质、意识本质的理论也许多多少少是合理的。我们除了可以对这些理论进行改进外，还可以试图达成某种共识，来证明这些理论在这些领域有可能不合理。在大多数情况下，这种不合理性源自假定可质疑实体的存在、错误的实证论断或错误的逻辑。比如人们已经有很长的一段时间不去选择用"侏儒"来解释意识问题。

但在道德领域，人们从一开始就很容易忽视任何具有规范性含义的理论，即使一些理论提供了令人信服的论据，因为这些理论与我们自己经过深思熟虑后做出的道德判断直接冲突。至少从康德开始，自主性就被认为是一种无条件的善——我们的选择不受他人的约束——所以任何不包含自主性的道德都会被认为是有缺陷的。举个例子，我们正试图理解一个毫无哲学基础的观点，或者说某个观点有哲学基础，但哲学家们并不愿意找寻

---

① Brecht, Bertolt. *The Threepenny Opera*. London: Penguin, 2007.

或者认同这种哲学基础。我们必须承认，世界上没有适用于任何时间和任何人群的"真正道德"，同时，我们必须承认，不能仅仅因为另一种道德准则的某些规范性结论与我们自己的不相符，我们就把它贴上"不合理"或"不可接受"的标签（扮演角色的人在任何意义上都不像康德那样具有自主性）。

如果我们想让伦理在将来真的变得全球化，那么这一点是十分重要的。[1] 一些道德准则或道德判断在我们初识之际也许显得不正确，但当我们同时考虑地理、文化因素时，这些道德准则、判断也许就是合理的了（在一些情况下是暂时的）。然而，从心理上讲，对伦理普遍性的否定不太容易被接受。经过思考后，我认为我必须按照某种道德行为来行事。而在西方伦理语境下，如果我感觉不应该这样做，那么我就不应该这样做，而这也会成为我吃一块比萨的原因。我之所以这样做，是因为我认为这是正确的，这是道德思考所指涉的过程，但又同时阻碍了认同别人在相同处境下采取不同行为的正确性。如果"我做了正确的事"，而你的行为与我不一样，那么要么是你的道德判断错了，要么是你做了不道德的事。

但在阅读和分析近来的哲学发展时，我发现，寻找"真正的道德"也是在探寻另一个思想领域的基础，并且也以探寻另一个思想领域为目标，而这是不可能被找到的。如果有人主张他找到了，那也一定存在反论。这似乎说明，如果我们想使伦理研究更进一步，我们就必须接受一个缓和的道德相对主义，或者是"多元相对主义"。黄百锐在他的近作《自然道德：多元相对主义辩护》中提到：

> 道德矛盾性与道德的自然概念是相连的，它支持了没有唯一真正哲学的论断。然而，我也认为，对不同道德价值重合最似是而非的解释，暗示着真正的哲学是有边界的。[2]

伦理学家无论如何也不会接受相对主义，无论是缓和的还是强硬的相

---

[1]　参见：Kupperman, Joel. "Why Ethical Philosophy Needs to Be Comparative." *Philosophy*, 2010: 85.2.

[2]　Wong, David. *Natural Moralities: A Defense of Pluralistic Relativism*. New York: Oxford University Press, 2009, p. xiv.

对主义，但我认为一定会有人支持黄百锐的观点（接下来，我将用"伦理多元主义"来指涉黄百锐和我的理论观点）。我也认为，在全球语境下进行伦理研究是十分必要的，之前引用的"道德矛盾性"是黄百锐在书中提及的伦理多元主义的观点之一，其核心观点十分简单：重新思考我的行为正确性和你的行为不当性，如果我们感到了道德矛盾，而不知道怎样才能达成道德的最优解，那么无论我们怎么定义"最好"，我们都必须承认别人也许可以通过别的路径来达成这个最优解，他们与我们一样深思熟虑且高风亮节。这句话言简意赅。当别人否定我们的道德判断时，我们不一定非要否定自己的道德判断，我们还可以坚持自己的决定。但我们也能以更加委婉的方式来指出他人的不当，因为我们在同样情形下也十分可能做出同样的行为。

　　黄百锐的观点深刻且含蓄，我也强烈推荐他的书。关于伦理多元主义的另外一个论述有些不同，这一论述基于我对西方英语世界道德哲学近来发展历程的梳理。一个半世纪以来，康德主义者都在试图证明道义伦理的正确性[1]，与此同时，功用主义者也在竭力证明它的错误[2]。双方都没能成功。[3] 道德多元主义的例证在哪里？我们没有必要在异域他乡寻找异于我们的道德。的确有一些十分合理的道义伦理主张受到了功用主义者的认同，一些合理的功用主义主张也得到了道义伦理的认可。克里斯汀·科尔斯戈德[4] 肯定阅读过边沁和穆勒的作品，但她为什么依然继续支持康德？彼得·辛格[5] 熟悉康德的作品，科尔斯戈德大概也很熟悉康德的作品，但他们不可能都是"唯一真正道德"的拥护者。人们也许相信他们的正确性不可能被后人所证明，也许还会似是而非地相信毗湿奴的下一个化身会向人类揭示"真正道德"。

　　采用多元伦理观还有另外一个原因：康德和密尔的理论系统有时并不能穷尽对行为具有意义的合理道德理论。即使很多美国人没有读过康德、边

---

[1]　可参阅经典《道德形而上学的基础》，该书有多个版本。

[2]　可参阅经典《功利主义》，该书有多个版本。

[3]　Turnbull, Colin. *The Mountain People*. New York: Simon & Schuster, 1972.

[4]　Korsgaard, Christine. *Creating the Kingdom of Ends*. Cambridge: Cambridge University Press, 1996.

[5]　Singer, Peter. *The Life You Can Save: How to Do Your Part to End World Poverty*. New York: Random House, 2009.

沁和密尔的作品，这三位哲学家的哲思也广泛存在于美国人的思维中。这也是我关注他们的原因（立法者多为功用主义，而审判者多为康德主义）。在现代西方哲学中，如果不对道德准则的整体观进行反思，那么很多关于道德准则的讨论将会是不完整的。①

甚至有更多尚在讨论中的道德准则可在异域文化中（尤其是在亚洲）找到其合理性。因此，基于道德多元主义来审视道德哲学的主要意义是打通多元道德信仰体系的对话空间。中国、印度或者其他东方国家的伦理信仰体系与西方伦理信仰体系同样合理、同样有价值。在合适的情况下，对伦理准则进行跨文化比较与对比，将会推动哲学成为一个真正的全球学科。②

本书的大部分内容都是推介经典儒家思想，并探讨其可行性，同时，我也将用西方过去几个世纪的学术传统智慧使之得到提升。儒家思想与所有其他哲学分支都不一样，它起初是反直觉的。儒家思想的核心不在伦理施为性，因为伦理能动的前提是伦理施为者；进一步讲，其前提是个体自我的存在。我将站在儒家的角度论证：（1）个体自我几乎是虚构的（第三章）；（2）儒家思想否定了自由意志主义（第五章），认为自由意志主义不能为任何道德准则的提倡者提供方案；（3）儒家思想可以为跨文化伦理研究提供先导贡献和充分的语料基础（第十章）。换句话说，儒家思想是值得思考和关

---

① 这至少包括：（1）关照信仰体系，该体系由卡罗尔·吉利根引入，内尔·诺丁斯对其进行了进一步发展，玛格丽特·沃克、琼特·朗托、弗吉尼亚和一些其他人也在过去数十载一直为其拥趸；（2）大卫·休谟的"感伤主义"伦理学，迈克尔·斯鲁特、艾米·罗蒂和杰西·普林茨也对此有所发展；（3）美德伦理取向，这涉及亚里士多德学派和新亚里士多德学派的学说，比如阿拉斯代尔·麦金泰尔、查尔斯·泰勒或伯纳德·威廉姆斯；（4）约翰·麦克道尔或乔纳森·丹西的理性特殊主义；（5）约翰·杜威的实用主义伦理学，由艾伦·吉巴德、约瑟夫·马戈利斯、理查德·伯恩斯坦等人进一步发展；（6）在西方哲学倾向上对非西方倾向的融合，如玛丽·博科娃的"权利和儒学"、艾琳·麦卡锡的"日本思想和大陆哲学"；（7）自由意志主义，它借鉴了一些其他流派的道德准则（关于这一点，我将在第五章中进一步论述）；（8）道德规范的整个思想，这已经受到了汉斯-格奥尔格·密尔在《道德之愚》一书中的挑战，他提出了一种基于早期道教的反道德主义立场。

② 陈汉生在他的文章《比较伦理的规范影响》中说，比较伦理学意味着我们含蓄地承认自己也是其他道德体系中的一员。我们学会了一种看待自己的新方式，就像别人看待我们一样。比较将使我们对自己的态度少一些教条主义，多一些温和的怀疑。参见：Shun, Kwong-loi and David Wong. *Confucian Ethics: A Comparative Study of Self, Autonomy, and Community.* Cambridge: Cambridge University Press, 2004, p. 78.

注的。我也会论证儒家思想优于自由主义，以及它有助于构建一个跨文化的"为人"图景。佛学也许也有与儒家相似的主张。世界上也存在其他不以自由、自主的个体自我为基础的道德准则。

本书接下来会重点描述和分析儒家思想中关于角色人的观点（对角色人的描述离不开关系网对人的定义）。我在这里必须强调，我也会时不时重申这点：因为角色人根本就不是个体自我，所以我所主张的角色人并不是拥有不同方面的一个人。

价值观排序

如果我们摒弃"不同文化有不同的价值观"的观点，那么全球语境下的伦理发展研究将会变得更加容易。与此同时，我们应该理解，不同文化有着不同的"价值观排序"，也应该坚信跨文化的伦理对话是可能的，否则，最终只会由强者来定义"真正道德"。此外，正如黄百锐所强调的——也与我在别处论证的一样，跨文化、跨区域的价值观重合佐证了这样一种观点：人类的价值观种类是有限的 [1]（下一节还会有所论述）。

本书的核心之一是试图让人们摒弃"人作为自由、自主的个体自我而存在"的观念，转而接受角色人的概念。也许有人会认为我在推介一套新的价值观，但我的本意不是如此。我的本意在于让我的读者在获知"为人"的不同主张时，更加深入地认识自己的价值观，愿意并能够重新对它们进行排序。

我们所定义的个体自我将显著地影响我们对价值观的排序。如果我们相信人们在没有政府的制约时会做出恶意行为，我们就会认为惩罚比仁慈更加重要。如果我们相信苏格拉底的主张——人民的错误源自无知，我们就会更加重视教育的价值，也会认为有人犯错后对其进行安抚比惩罚更重要。如果我们认为人是自由、自主的个体，即严格意义上的施为者，那么在解释行为时，我们就会将个人置于社会责任之上。如果我们相信人生而

---

[1]　Wong, David. *Natural Moralities: A Defense of Pluralistic Relativism.* New York: Oxford University Press, 2009, p. xiv; Rosemont, Henry Jr. "Against Relativism." In *Interpreting Across Boundaries,* edited by Gerald J. Larson and Eliot Deutsch. Princeton: Princeton University Press, 1987.

自由，我们就会要求政府组织去维持、加强人的自由，我们也会基于此来构建我们的道德和政治观念。对人们（尤其是美国人）来说，自由的好处无可争辩，但与此同时，如果我们认为个人（一些人）是自利的，我们就会期望道德准则和政治机构能够钳制自利行为。但如果我们相信人们都是自利的，我们就必须接受对个人的自由进行的制衡，在讨论中衡量价值、排列价值，然后做出相应的选择，例如选择惩罚还是宽容。

我所使用的"价值观"这一概念也许有点怪异，因为在某一文化语境下，人们不可能采用一套全新的价值观。我的假设是，在特定文化、特定时间内，人们所持有的价值观排序是不同的。这背后的逻辑是：我只能让你将你已存在的某一价值排到更重要的位置，除非我找到另一种我们都明确支持的更深层价值，否则你不会认识到某一价值在你现有排序中的位置。

举一个现当代的例子。我在接下来将会用儒家思想的视角来讨论：在现代资本主义体系下，个人自由的崇尚将会阻碍扶贫工作。我所期待的是，让人们站在儒家的立场降低对个人自由（程序正义）的崇尚，并重视社会正义（分配正义）。如果你丝毫不关心民间疾苦，那么我的论证也是没有意义的（所以，不关心民间疾苦的读者可以不用阅读下去了）。尽管我持这种观点，但这并不意味着我不珍视自由。我所质疑的是，在当前的多数情形下，自由只能用于传递不公而不是争取正义。争取社会正义是我所崇尚的，也是我愿意为之而用实际行动努力的。

价值排序还是价值替换，这也许存在分歧。想理解并解决这个分歧，有一个简便的方法，就是看有没有什么与此分歧相关的实证或概念问题。经济学家肯尼思·博尔丁评论道：

> 穷人看起来十分注重物质。人们常认为富人轻物质重精神。其差异源自个人所处的不同位置，而不是不同的价值排序。我们都很关注我们所稀缺的事物。穷人对物质的关心只能说明他们缺少物质财富，并不能反映他们的价值取向。[1]

---

[1] Boulding, Kenneth E. *The Image: Knowledge in Life and Society.* Ann Arbor: University of Michigan Press, 1956, p.51.

我们可以通过反思我们与别人的分歧去理解价值排序这个概念的重要性。我们很少能够在理论层面对道德有足够的思考。有些人倾向于认为，当我们认为自己的行为合乎道德规范的时候，我们的行为就是正确的，我们就崇尚了善意，但事实常常不是这样的。在大部分情况下，我们更期待我们的行为可以减少不善的行为。我们的价值排序常常是关于怎么向善的，但同样重要的是怎么去减少恶。我认为，在我们所接受的伦理准则中，有大量内容是大相径庭的，大多数的伦理准则对价值的排序是不同的。我们必须接受一些问题不可解决这一事实，即使把充满善意的人都汇集在一起也不可能解决。在价值排序的基础上，我们希望可以减少这些冲突，但很有可能这些问题不能得到全部解决。

面对价值争议，我们应该重新进行价值排序，而不是消灭异议。这需要包容，包容是我们应该崇尚的价值。我不认为每个人都会把包容这一价值放在他们价值列表的首位，但我相信我的读者在他们的价值列表中有着和我一样的价值子项。我们更看重的是未来进一步讨论的可能性而非热火朝天的争辩。

当然，不是每个人都可以合理地排列伦理价值。虐待狂、受虐狂、精神错乱者、精神病患者、自闭症患者、反社会者也许就不能合理地排列他们的价值。但没有病征的人都不希望被认为是没有道德的禽兽。虐待狂和精神病患者不会声张自己的情况。通常，我们所崇尚的价值存在于每一种文化中，比如善意、勇敢、自由、坚定、尊重、爱、尊严、安全、诚信。据我所知，人类学家还没有发现哪个部落的人不尊崇尊严、爱、尊重、诚信等品质。当我们在民族志中发现于我们而言残忍、冷漠的情形时，我们也常常会发现行为者所要面对的极端残酷的环境。[①] 看似不道德行为的背后是生死存亡的考验，在这种情形下，人们会将生存的价值排在最前面。世

---

① 美国有线电视新闻网的沃尔夫·布利策曾问奥巴马医改计划的支持者——国会议员罗恩·保罗，如果有一个年轻人决定不购买健康保险，则该年轻人该如何获得保障。保罗回答说：“这就是自由。”他意指如果那个年轻人死了，那就是年轻人自己的问题。布利策继续说道：“你是说社会应该让他死吗？”有人喊道：“是的。”这篇文章的作者指出：“一个不公正的社会必须改革它的法律和制度。一个残酷的社会必须自我改革。”载于《国家杂志》2011年10月17日。

界上有如此多的边缘文化部落，但仅有极少数的人会诉诸这些极端行为，这足以说明人类的行为态度存在一致性。我将这种一致性称作同一性。

同一性

每个社会都会受到社会规范的约束，这些社会规范在本质上是合乎伦理的。无论是古代还是现代，尽管价值在不同文化中会有不同的排序，但每个人所奉行的价值观是相似的。基于此，我提出了一个概念——同一性，我所指的不是这些价值的普遍性，而是同一性。我在我的伦理分析中以新词的方式来定义这一概念：同一性等于自由度。这适用于所有正常人，无论是精神上还是生理上。

我在其他地方也用过"同一性"这个概念[1]，以研究无法用环境、生理和文化因素解释的行为。环境、生理和文化因素是这些行为存在的必要前提，但没有足够的解释力。解释这些行为需要更多的考虑，需要考虑更多的内生因素，包括语言学习[2]、人脸识别[3]、个性歧视[4]、数字和音乐直觉[5]等现象。基于价值的行为，求爱与施爱、尊重、尊严等也属于这种情形。我在别的作品中曾谈到，精神刺激也是　种同　。这有点难以理解，神学和形而上学领域的学者已经探索了很久，却依然未能解开谜团。我将在第八章中探讨这一论题。

如果从行为学的角度切入，这些观点也许会变得更简单一些。我们将触发与环境塑造刺激进行区分。当我们需要驯服一只小猫的时候，我们需要按照一定的方式来安排小猫生活的环境，也需要借助奖惩来实施驯服行为。当我们用箱子塑造小猫的环境时，小猫的行为会受此影响。当然，这

---

① Rosemont, Henry Jr. "Against Relativism." In *Interpreting Across Boundaries,* edited by Gerald J. Larson and Eliot Deutsch. Princeton: Princeton University Press, 1987.

② 乔姆斯基最为有名的主张，可参见：Chomsky, Noam. *Reflections on Language.* New York: Pantheon Books, 1975.

③ 如需跟进新近的学术进展，可参见：Gladwell, Malcolm. *Blink: The Power of Thinking Without Thinking.* Boston: Back Bay Books, 2007.

④ 理查德·雷斯塔克在《移情和其他的奥秘》中对此有所讨论，载于《美国学者》。

⑤ 参见：Lerdahl, Fred and Ray Jackendoff. *A Generative Theory of Tonal Music.* Cambridge, MA: MIT Press, 1981.

些教育与塑造并不是必需的。当我们想逗小猫玩时，我们只需要在它跟前晃动一根小绳子，小猫便会扑向绳子。在这个游戏中，晃动的小绳是一个触发刺激，猫扑向绳子的行为源自其生物结构和组织。猫的这个行为普遍存在，这是由心理和生理导致的。

我想假设，同一性也体现在价值领域。我想继续关注生理特性和大脑组织，这从根本上讲就是智人的大脑，借此远离"绝对"等术语。举一些简单的例子，人类对爱的崇尚与其他可生育智能生物并无二致。如果孩子在出生后能迅速自足，那么关于养育的责任和自我满足将会与当前的情形变得十分不同（这种情况也不太可能存在）。快乐的人脸会触发我们的某种特定反应，悲伤的人脸则会触发我们的另外一种特定反应，这种情形大部分是由基因决定的，仅有很少一部分基于文化因素。

同一性概念让我可以重新思考他者。当我们比较不同的伦理准则时，我们看到他者的价值排序并不像我们一样，同一性概念会让我们倾向于认为他者与我们存在一致之处。同时，我们也可以借助同一性概念来审视什么是可接受的道德准则：任何与同一性相悖的内容都不应该被纳入道德准则。如果每次小猫扑向绳子时，你都用报纸打小猫，那么之后小猫也不会再扑向绳子。同样，如果成人总在小孩面前戴着面具，那么这个小孩在面对他人的时候就会感到困惑。

概念集群

我在全书中将频繁使用"概念集群"的概念。我希望这个概念可以在哲学伦理研究以及相应的翻译中得到普遍的应用。每一种文化都存在可以指涉和描述人类行为的词语群，在现代英语中，也存在一些围绕"道德"而展开的词语群，同样的"中心词"还有"自由""权力""推理""选择""两难困境"等。没有这些词语群，就没有现代英语世界的哲学讨论，这些词语群也决定着我们对哲学行为的描述的确切性。令人遗憾的是，这些词语群在古汉语中都没有准确的对应。从这个角度看，我们不应该在现代英语语境下将孔子描述为一个"道德哲学家"。孔子是一个以其智慧福荫华夏的伟人，现代英语世界的概念集群无法描述他的伟业。[①] 更加令人遗憾的是，经典儒学长期以来一直都为西方哲学界所忽视。近些年来，儒学得到了西方的一些关注，但常常是批判的审视。一些人认为儒学被认为属于过去；一些人则认为儒学根本就算不上哲学，或者只是糟糕的哲学。

我认为，西方学界对儒学的忽视不单纯是西方沙文主义的反映，还是个体自我概念的反映。西方哲学家很难想象不用"责任""选择""两难困境"这样的词语去研究伦理。康德曾将孔子的学说描述成"皇家的教条"，也曾称中国人没有"美德"的概念。[②]

康德在一些地方说得也有道理。从狭义的角度看，《论语》不是现代西方哲学意义上的道德哲学论述。因此，我们必须努力在中国哲学的语境中阅读《论语》，而不是在我们的语境中理解它。这非常困难，即使对哲学家和翻译家来说，也很难完全做到，但这个努力极有价值。《论语》中所蕴含的哲思和道理广博而深刻，我们会将"道德"和与其相应的概念集群放到一边，因为这些概念集群在汉语中没有恰当的对应概念。这样一来，读者可以对其他人和其他世界变得更加开放，也可以更加包容他者的为人观念，进而成为一个角色人。我会运用"伦理"这个更加宽泛的词，将其定位为描述、分析、评价、提升人之行为的学科。我也会时不时地用到"道德"这个词，并将其作为"伦理"的同义词。但是，我在论述概念集群时提到的"道德"一词与此不同。这个定义拓展了伦理研究的主题，也拓展了我们处理异见的视野。基于此，在处理哲学文本时，我们还应该要求人们在面对差异时思考这样一个问题："一个智慧和德善之人是怎么接受这种世界观和人生观的？"

关于概念集群，我想再赘述一点，以确保我们在处理文本异见时能达成一致。在西方文化中，道德的概念集群也是一个崭新的概念。在乔叟、中世纪后期和文艺复兴时期的英格兰，人们在对人的行为进行描述、分析和评价时常会用到"恶棍""利益""诚实""有骑士气概"等诸如此类的表

---

① 我在《反对相对主义》中首次讨论这个问题，并附有引用。与之相关，我也因未将一个概念的出处归于某位没有对此提出术语的思想家而受到了批评。参见：Rosemont, Henry Jr. "Against Relativism." In *Interpreting Across Boundaries,* edited by Gerald J. Larson and Eliot Deutsch. Princeton: Princeton University Press, 1987, n.11.

② 参见：Ching, Julia. "Chinese Ethics and Kant." *Philosophy East & West*, 1978: 28.2, p. 164.

达方式，也会用到关于光荣的概念集群。在印度哲学中，人们则会用到"轮回""因果报应"等表达方式。如果我们想理解英格兰先人和印度人的伦理世界观，我们就必须去理解他们的概念集群并加以运用。换句话说，要理解其他文化，我们就必须让他者文化中的哲学家用他们自己的语言来教授我们。[1] 我们也要记得，本书中的一个焦点就是何以为人。许多文化并没有像我们那样去定义人，一个人可能会将其今生的困境描述为前世今生的因果轮回，一个人也可能会将自己的困境归因于统治阶级的暴虐压迫，二者对自我的理解是不一样的。

我会在本书中做一些类比。尽管"个人"和"人"经常可以相互替换，但我仍将严格定义这二者的区别。个人是自由的个体自我，人则是角色人。同样，我也会优先用到"伦理"的同义词"道德"。在概念集群里，我将"道德"作为一个主题词，正如上文一样，这是我最常见的处理方法，但我不会这样使用"伦理"这个词。

最后，我也会将概念集群和价值排序联系起来。可以经常见到，一种语言中会用一个词来表达几种相互交织的价值，这可以告诉我们这个文化的关心所在。礼貌和道德都是西方所重视的，但不道德比不礼貌更加有问题，因此，我们会谨慎使用恰当的词语。中文里有个"礼"字，我将会在第八章论述这个概念。在不当行为严重性的序列中，集中相似的价值围绕着"filial piety"（有虔诚的意味）展开。这个短语常被翻译成为"孝顺"，安乐哲和我把它翻译成"家庭尊敬"。[2] 但这个表达同时还包含爱、顺从、忠诚、感激和尊重的意思，这给翻译造成了很大的困难（详见第六章）。西方人用"body"来表达人的有形体，而中国人至少将身体划分为五身，即身、体、

---

[1] 对这些主题充分的讨论可见：Rosemont, Henry Jr. and Roger T. Ames. "On Translation and Interpretation." In *Eastwards: Western Views on East Asian Culture*, edited by Frank Kraushaar. Bern: Peter Lang, 2010, pp. 25-312.

[2] Rosemont, Henry Jr. and Roger T. Ames (translators). *The Chinese Classic of Family Reverence: A Philosophical Translation of the* Xiaojing. Honolulu: University of Hawai'i Press, 2009.

躯、形、躬。[1] 对概念集群的敏感可以加强我们对跨文化词语间细微差别的关注和理解。

伦理准则的适当性约束

"暴虐应该被予以赞赏"等诸如此类的说法，即使在逻辑上说得通，也不会在道德准则中得到认可。假设这种说法在道德准则中得到认可，那么在语言中与"道德"（moral）相对应的反义词——"不道德"（immoral）一词，也将变得没有意义。

但在没有任何极端存在的情况下，我们用于评价道德信仰体系合理性的标准应该尽可能与我们的直接认知相符合。如果伦理多元主义能在元伦理层面上占有一席之地，那么伦理多元主义应该严谨地制定一系列准则，使它的道德要求能够满足合理条件和要求，以使其在认知层面上具有合理性，而不是仅仅作为规范而存在，并基于此，让伦理多元主义成为可接受的道德准则。黄百锐曾给予这个问题很多关注，感兴趣的读者可以阅读其著作《自然道德》。[2] 在这里我尽力避免盲目相对论窠臼，并试图提出如何对待伦理多元主义的一个粗略提纲。可能的适当性准则大致应该包括以下几点：

> 该准则应被特定人群所遵循，并获得相应的认同；
>
> 该准则可被清晰地描述和表达，且其含义可被进一步探讨；
>
> 该准则可有效地反驳不同意见，并有相应的详述文字或口头
>
> 论述；
>
> 该准则的实证内容必须对所有人来讲都是合理的；

---

① 这些术语都已经在我的文章中予以解释："论经典儒学中的身体死亡的非终结性。"参见：Rosemont, Henry Jr. "On the Non-Finality of Physical Death in Classical Confucianism." *Acta Orientalia Vilnensia*, 2007: 8.2. 在这个方面，我们也许能注意到我们至少有五种方法去审视我们的身体，如果我们仅从关系层面去认识我们的身体，这就会变得十分简单。另外，如果世间存在一个本质我，那我们的身体是否存在着五个身体呢？

② 《自然道德》的整个第二部分都在探讨这一问题。

该准则应有内部的一致性；

该准则应有自我纠正的能力；

该准则应对其他道德准则的拥护者有一些直觉上的吸引力；

以上标准可在具体问题层面根据实际情况而被选择放弃；

该准则不能与"同一性"原则相悖。

　　上述要求列表可以进一步扩展、描述和修改，不会受限于西方现代哲学推理模式。这个列表仅仅是一个初步的粗略产物，尽管不够细致，但我认为也足够成为跨文化道德对话的初步概念基础。这是缩小并日益脆弱的地球所急需的。想要改进该要求列表，我们就要从当前的基本观点中抽离出来。我在这里提出的合理条件说明，完全的相对主义不一定是伦理多元化导致的"滑坡"的结果。在这里，我再次推荐读者去阅读黄百锐的作品，以获得更多的相关内容。

　　这九条标准都可以运用于上一章开头所论述的纯粹认知领域的讨论。尽管分析哲学的重点已从理性转为合理性，但现在仍有必要保持哲学研究在语言、形而上和认识论上的严谨和清晰。

　　当然，一个新的形而上或认识论观点不能满足第一个标准，第二条和第三条标准的适用性也常常会受限。第四条和第五条标准在认知和规范领域都可以得到直接的应用。第六条也很简单明了：任何一个可以长期存在的哲学信仰体系都需要具有自我修正的能力。第七条并不是很常见，但也很好理解，如果一个道德准则不能调动起他人一丝一毫的认同和兴趣，那么这个哲学也就不太可能被他人认真地思考。第八条强调，该准则只是个标准，而非自上而下的戒律。第九条指出了不可接受的哲学主张的限制条件。

第三章

个体自我和自我身份的存在

"我"字的使用是最具误导性的语言表征方式之一。

——路德维希·维特根斯坦[①]

个体自我的概念

个体自我是西方思想史上最重要的概念之一，它建立在理性意识的基础上。从古希腊的灵魂三重性到基督教的理解，个体自我概念深刻影响着我们对自己的认识：我们是谁，我们应该怎么生活、怎么与他人打交道？个体自我也塑造着我们共处的各种机制。

但如果个体自我是一种空想，那么构建于其上的一系列道德和政治理论都将失去意义。我们可能需要一些或新或老的想法，去解答我们是谁，我们应该如何生活、如何与人为伴、怎样建立共处机制。因此，本章的目的是让读者跳出既有的模式，来重新思考"我是谁"。

在现代形式中，个体自我概念来自约翰·洛克。他并不十分关心"灵魂"，尽管他确实依赖上帝来构建理论，将神学与政治理论联系起来，并提出了人人生而平等的观点，他在《政府论（下篇）》中有力地论证了这一观点：

> 人的自由，以及按自己的意志行事的自由，是基于人的理性的。理性能够在法律上教导他，并用法律来实现自我管理……如前所述，人性都是自由的、平等的、独立的。[②]

---

① Wittgenstein, Ludwig. *Philosophical Remarks.* Chicago: University of Chicago Press, 1980.
② Locke, John. *The Second Treatise on Civil Government.* Amherst: Prometheus Books, 1986, p.36.

这种自由平等的理性个体自我的观念，成为近代西方道德哲学和政治理论的基础概念。从弗洛伊德到韦伯，到米尔顿·弗里德曼，再到理性选择理论的发展，它在社会科学和行为科学领域产生了巨大的影响。尼克拉斯·卢曼概括道：

> 社会学理论认为，历史是个人主义发展的过程。社会学有一个重要的理论就是建立在此基础上的：社会分化日益促进了符号框架的普遍化，而这一过程又进一步明确细化了情景、角色和活动，这就导致了作为个体的人的数量的增加。[①]

社会学家和其他思想家提出的许多理论以不同的方式定义了个人。弗洛伊德将个人定义为自我中心；资本主义经济学家和托克维尔都认为个人是自利的，但前者态度积极，后者则表示担忧。爱默生和其他先验论者将个人定义为独立和自我表达，理性和逐利，或从一些乌托邦意识形态中借鉴过来的淹没自我的利他的个人。但他们都是个人主义者，人类即使彼此之间完全不同，也能够不通过区分而得到描述、分析和评价。尽管他们之间存在很大的个体差异，但我还是要把他们统称为不同形式的个人主义者。

所有形式的个人主义的共性都是以自由为中心，因为自由在个体自我之中是首要的。对许多政治思想家来说，社会不过是个人的集合，因此，除非必要（如为了安全考虑），不应限制个人自由选择生活和进行财产分配的权利。另外一些思想家则认为合作是必要的，他们认为，个人的实现部分基于自己与他人自由的联合，并基于此，认为社会的任务是个人根据自己的意愿最大化选择生活的自由度，以及消除强制性的外部压力。这两种观点都是站得住脚的。这些道德和政治理论都建立在人们对个体自我概念的理解之上。

然而，"定义"一词可能会起到误导作用，因为我们对人类的总体看法很少被正式严格的定义所描述，我们更常采用的描述方法是具有概括性和

[①] Luhmann, Niklas. "The Individuality of the Individual." In *Reconstructing Individualism: Autonomy, Individuality and the Self in Western Thought*, edited by T. C. Heller, Moirton Sonsa and David Wellbury. Stanford: Stanford University Press, 1986, p. 313.

主观性的。在本书中，我同样关注如何对人类的定义及其愿景进行对比，例如以下两种不同的人类形象。第一个例子很简短：

> 人皆有不忍人之心。今人乍见孺子将入于井，皆有怵惕恻隐之心——非所以内交于孺子之父母也，非所以要誉于乡党朋友也，非恶其声而然也。由是观之，无恻隐之心，非人也。[1]

还有一个例子，比较长，更加生动：

> 人类不合群的社会性与相互的对立联系在一起，这种对立不断地威胁着社会的分裂。他有一种强烈的倾向，就是把自己与他人隔离开来，他期待着来自各方的反对，因为在了解自己的过程中，他知道自己倾向于反对他人。正是这种对立唤醒了他所有的力量，使他克服了懒惰，并在对虚荣和权力的贪欲的驱使下，在他不能容忍但又不能逃避的同伴中获得了社会地位。这样，他就迈出了从野蛮到文化的第一步……感谢天性，感谢不相容性，感谢无情的竞争和虚荣心，感谢对拥有和统治的贪得无厌的欲望！[2]

简而言之，第一个例子表明，我们不是孤立的，我们对彼此的本能是有社会属性的，这种社会性也需要培养。还有人则提出了相反的观点：我们的本能是非常自私和反社会的，但通过理性的运用，它们可以而且必须得到控制。

这些例子并不是我随意选用的。第一个例子出自儒家"亚圣"——孟子。自公元前3世纪起，他的这一思想对中国思想产生了深远的影响：人只有和其他人在一起才能成人。我将在本书的后半部分，从角色人的角度出发，进一步论证这一观点。

另一个例子只有两个多世纪的历史，但它表达了一个自那以后被广泛接受的观点。人们徒劳地寻找一个更好的理由，来证明资本主义经济体系

[1]　《孟子》，同前，2A6, p.82.

[2]　Kant, Immanuel. "Idea of a Universal History from a Cosmopolitan Point of View." In *On History*, translated by Lewis White Beck. Indianapolis: Bobbs-Merrill Library of Liberal Arts, 1983, pp. 15-16.

竞争性以及基于此而建立的政治和道德体系的合理之处。这个例子来自康德，这说明他为什么如此专注于纯粹和实用的理性，以及为什么对休谟的感伤主义感到恐惧不已。我在这一章和接下来的两章中所反对的，正是这种基础个人主义对人的认识。

虽然康德的观点发表得较晚，但他的思想在洛克定义的人的概念中也清晰可见。它完全是抽象的，自那以后却具有惊人的影响力，尽管它与当时或现在的情境几乎没有相似之处。洛克坚持认为不能完全以对立的方式看待人类，这反映了他的人本主义倾向。洛克认为父子各自承担义务，孔子如果看到这个观点，一定也会完全赞成：

> 上帝赋予父母养育后代的责任，也要求子女尊敬父母。这既是发自内心的价值认同，也是外化于行的行动表达。①

洛克认识到我们并不"自由、平等、独立"。但是，他和他的继任者们把经验建立在抽象的人类道德、政治的经济模型上，进而确保我们能在表面上最好地表达人性。而这背后则是康德尚未实现理性的创造物。

约翰·罗尔斯在《正义论》中所体现的是个人主义者的观点，并且他与康德一样依赖推理。他在正义的第一原则中说道："每个人都有权利使用最广泛、最平等的基本自由体系，这个体系与一个类似的为所有人服务的自由体系一致。"② 自由主义批评家罗伯特·诺齐克也是一位个人主义者，他在《无政府主义、国家与乌托邦》一书的序言中写道："个人享有权利，任何个人或团体都不能对任何个人做一些特定的事情（在不侵犯个人权利的情境下）。"③ 但是，罗尔斯也受到了来自社群主义的尖锐批评。除了少数倡导关爱伦理的女权主义者外，与大多数其他哲学家相比，迈克尔·桑德尔有着更多的儒家特色，但在我看来，他也是一位个人主义者：

> 在衡量我的偏好时，我不仅要衡量它们的强度，还要评估它们是否适合我。当我深思熟虑的时候，我不仅要问自己真正想要什么，还

---

① Locke, John. *The Second Treatise on Civil Government.* Amherst: Prometheus Books, 1986, p.38.

② Rawls, John. *A Theory of Justice.* Cambridge, MA: Harvard University Press, 1971, p.220.

③ Nozick, Robert. *Anarchy, State, and Utopia.* New York: Basic Books, 1977, p.xi.

要问自己到底是谁。而最后一个问题是如何反思自己的身份，这让我不再只关注自己的欲望。[1]

阿拉斯泰尔·麦金泰尔是一位与桑德尔截然不同的社群主义者，但他的思想也基于对个人概念的探索：

> 这些美德的意义和目的不仅存在于……维持一种个人生活的形式——在这种形式中，个人可以寻求他的美和善，还存在于对历史的必要传承。[2]

这些观点为每一位思想家指明了不同的自我意识，但在本体论上，它们是一个整体：个体的自我就是我们自己。这一概念是我们做所有伦理研究和政治研究的隐含前提。

基础个人主义

接下来，我将谈一谈基础个人主义这一概念。很多哲学家和社会科学家都使用过这个概念，并且意思也各有不同。我要在这里多谈一谈我对这一概念的理解，将其与个人自我的概念结合起来，也会注意"形容词+名词"的构词形式。

我曾提到过，我们对人的认识在很大程度上影响着我们的道德直觉的发展，这又显著影响着我们赖以生活的道德观、符合我们愿景的政治，还有我们的正义观。不幸的是，这包含太多的利害攸关的政治和道德因素。例如，根据19世纪的浪漫主义思想，所有人在根本上都具有表达性，对此，任何的侵犯都是"反人类"的。如果我们是资本家，那么任何政府限制个人（和公司）盈利的行为都是对人类利益产品的妨碍。这反映了一些人制衡政府权力控制的愿望，它们的论点和依据也有本质上的不同，但它们

---

[1] Sandel, Michael. "Justice and the Good." In *Liberalism and Its Critics*, edited by Michael Sandel. New York: New York University Press, 1984, p. 171.

[2] Sandel, Michael. "Justice and the Good." In *Liberalism and Its Critics*, edited by Michael Sandel. New York: New York University Press, 1984, p. 145.

都是基础个人主义。

我们先在一般维度层面上简要分析一下个人自我，"个人"基本上就是指私人：从我们的名字到我们的血统，再到我们居住的社区，我们的性别、母语、国籍等都决定了我们的身份。但我们也是作为自我的个体，这并不仅仅意味着我们可以与他人（例如通过物理位置）区分开来；相反，这在哲学上意味着，作为人类，我们也拥有洛克所描述的抽象属性——矛盾的是，这些抽象属性与所有其他的个体自我具有相同之处——这使我们值得被尊重。[1]

为了使这一概念在道德上和政治上成为一个强有力的概念，我们必须像之前所指出的那样，充实那个赤裸的自我。我们都是社会动物，人与人的交往也受此影响，这一点一直都被各方认可，但很少在道德和政治（以及形而上）层面上被认为具有任何真正的影响。对于大多数基础个人主义者来说，我们的社会自我不能具有令人信服的价值，因为我们的具体环境在很大程度上是偶然的，我们对其没有控制力——也就是说，我们父母的身份、我们说的母语、我们的国籍等都无法受自己掌控。人类必须在个体自我上得到价值认同、自尊、美德等。而必须得到认可的是人类有目的性的行为、自我管理和自我实现的能力。人必须是自主的[2]，自由的[3]，理性的[4]，而非仅仅被本能和激情所支配。

这个道德、政治和形而上的生动的自我概念将自我定义成自主、自由、

---

[1] 我们在日常生活中很难用这样的说辞来解释世界。我并不是一个完全自由自主的个体，因为我无论做什么事都必须考虑到别人，我常被自己的义务所累，也很少能完全理性地做出自己的"选择"。

[2] 关于自主性的讨论也可参见：Lindley, Richard. *Autonomy*. Atlantic Highlands: Humanities International Press, 1986. 理查德·林德利仅从基本个人主义的角度论述了这一话题。其他角度的观点也可参见：Traphagan, John. *Rethinking Autonomy: A Critique of Principlism in Biomedical Ethics*. Albany: SUNY Press, 2013; McCarthy, Erin. *Ethics Embodied: Rethinking Selfhood Through Continental, Japanese, and Feminist Philosophies*. Lanham: Lexington Books, 2010. 约翰·特拉福根和艾琳·麦卡锡都是日本思想的学者，他们对具象的关注超过了对自主性的关注："关于对我所主张的自我，人类彼此和世界复杂地联系在了一起。"（第99页）黄百锐曾提出："对儒家来说，'自主性'是一个很少见的词。"参见：Wong, David. "Relational and Autonomous Selves." *Journal of Chinese Philosophy*, 2004: 31.4.

[3] 参见第三章。

[4] 参见第一章。

理性的个体，它已经成为几乎所有现代西方道德和政治的基础理论，从霍布斯、洛克、康德到马克思、边沁、密尔、罗尔斯和与他们观点相近的哲学家，甚至再到大多数的当代社群主义者和女权主义者。如果我们没有履行义务的自由，我们就不能谈论义务。如果仅仅是本能在驱使我们履行自己的职责，我们就无法赢得尊重。我们必须能够做出选择，否则就不能履行我们的职责，也不能成为自主的人。没有自由、理性、自主的假定，没有对个人享有基于此的一系列基本权利（如选举）的假定，我们就无法谈论责任、义务、民主、权利等等。[①]

这个自我概念似乎并没有在道德和政治层面上清晰而具体地指出我们是谁，因为我们总是致力于探索抽象普遍的个人行为模式，而忽略了个性。如果每个人都具有与个人自我概念相符的自主、自由和理性的品质，那么性别、年龄等因素就不应该在我们与他人的交往中扮演重要的角色。对我们每个人来说，这些品质不仅是附随的，而且除了一些细节，也是不相关的。出于这一原因，我们要义不容辞地为我们的道德和政治寻求具有普遍性的原则；否则，将难以构建一个没有群体冲突、种族主义、性别歧视和种族中心主义的世界，而世界和平的希望也将永远无法实现。

在当今世界，尤其是在美国，很多人都认为人类是自主、自由、理性的个体自我，这是一个几乎不超越自由主义、保守主义界限的观点。下一章主要讨论我们为什么不应该这样定义人类，因为其他思路更容易推动公正与和平社会的建设。

伊曼努尔·康德极大地推动了这一认识人的观点在哲学领域的发展，也对美国的司法体系产生了不小的影响。他在很大程度上将自己的学说建立在"我"的概念上。

康德认为，第一人称代词"我"所包含的自我意识是一种定义性的假设，它通过赋予人类一种持久的认同感和控制感，使人类超然于其他所有的生命形式之上。事实上，对康德和其他许多人来说，"我"是人类尊严所依赖的自主感的基础：

---

① 参见第四章。

人类意识到自我概念，这一事实使人类远超地球上所有的其他生物。正因为如此，无论世事如何变迁，某一特定的人总是那个特定的人。人类即使无法用语言来表达这种自我意识，也无时不在享有这种意识所带来的优越性，自我意识早已存在于人的思想之中。即使语言中没有一个特定的词来指代这种自我概念，人类在以第一人称说话时也总会受其影响。这种思考的能力是理解……起初这孩子只是能感觉到自己，现在他可以思考自己。[1]"我认为"一定会和"我"所有的表述相伴而行；否则，"我"可能根本无法思考一些与"我"有关的事物。[2]

但是，单独的人称代词"我"并不能给我们提供什么概念认知。它是一个语言实体——一个索引——指涉的是某种特定的情境，比如"现在""这里"。所以，让我们暂时避开哲学的角度，而从心理学的角度来理解这一问题，以便更深入地思考"我"的概念："我"认为"我"有一个个体自我吗？

"我"是谁

很多时候，相较于"我"所拥有的自我感知，我能更加确信自我的存在。它确实是一个个体自我，而且是完全独特的，因为没有人和"我"有一样的经历，也没有人和"我"有一样的希望、恐惧、梦想、好恶、长处和短处，最重要的是，"我"的记忆是独一无二的。"我"绝对确信自己是一个不同于任何其他个体的个体自我，尽管"我"经历了诸多变化，但那个本质的、基本的自我始终如一。"我"相信（想要相信）"我"是自由的，"我"大部分时间都在为自己做决定，因此"我"是自主的，"我"在工作时也可以是理性的。在这方面，康德一定是对的。

这是我在进行进一步深入的思考前所认同的观点。

我曾多次向自己描述自己的独特性，但都无功而返。我开始回想起洛

---

[1]　Kant, Immanuel. *Anthropology from a Pragmatic Point of View.* Edited by V. L. Dowdel. Carbondale: Southern Illinois Press, 1978.

[2]　Kant, Immanuel. *Critique of Pure Reason.* Translated by Norman Kemp Smith. New York: Palgrave Macmillan, 2003.

克最杰出的经验主义继承者、康德的先驱大卫·休谟的观点。休谟在没有详细论述的情况下，非常认真地对待了经验主义的基本原则，即所有的知识都来自感觉经验。据此，我们不可能获得关于自己的知识。想获得关于自己的知识，既需要经验者也需要经验，而这两个条件是不可能同时具备的。我们必须从感觉经验中得出我们不能拥有关于自己的知识的结论，因为这需要我们同时成为经验和经验者。除了休谟，持这种观点的人还有罗德里克·奇泽姆、保罗·萨特和鲁道夫·卡纳普等。① 休谟说道：

> 就我而言，当我最亲近我所谓的自我时，我总是偶然发现某种特定的知觉，关于热或冷、光或影、爱或恨、痛苦或快乐。在任何时候，我都无法在没有知觉的情况下察觉自己，除了知觉，我什么也观察不到……如果有任何人，在经过认真的、并非先入为主的反思后，认为他对自己有不同的看法，我就必须承认我不能再跟他讲道理了……我所能允许的就是，他可能和我一样是对的，而本质上我们在这一点上是不同的。他也许会觉察到一种他称之为"自己"的简单而连续的东西，我也确信我身上没有这样的原则。②

休谟对很多东西都持怀疑态度，包括道德的基础："我们可能会得出结论，认为道德并不是理性的客体……"由此，我们必须认识到，我们可以相信自己的道德是正确的，但我们不可得知的是，这是否因为理性产生了道德。我们的道德行为归根到底是建立在我们的情绪（热情、情愫）之上的，"与其说道德是一种判断，不如说道德是一种感觉"。③

正是阅读了休谟关于知觉、知识、因果关系，尤其是道德相关的此类论点，康德才"从教条的沉睡中醒来"，正如他自己所描述的那样，康德坚定地相信道德规律的普遍性。但是，如果道德建立在情感的基础上，那么

---

① Chisholm, Roderick. *Person and Object: A Metaphysical Study*. London: George Allen & Unwin, 1976. 奇泽姆有正确的地方，但多在"他是"的层面，而不是"他是谁"的层面。尽管我不太认同奇泽姆的观点，但我还是推荐他的书，如果对西方哲学的相关问题感兴趣，读者可以参阅奇泽姆的相关作品。

② Hume, David. *A Treatise of Human Nature*. Harmondsworth: Penguin Books, 1985, p.299. 在这篇文章中，休谟是认识论的而不是本体论的，但其含义与我们的目的是一致的。

③ Hume, David. *A Treatise of Human Nature*. Harmondsworth: Penguin Books, 1985, p.522.

就不要期望世界上会有一个具有普遍性的道德准则，因为人们对他人喜恶等的情感（热情、情绪）各有不同。康德认为每个人都有推理的能力，道德的基础必须是理性的能力，而不是情感。因此，在经历之前，"我"是一定存在的。所以，休谟又错了。

但是他错在何处？在非哲学层面上，我不得不承认，我很难不相信我的存在建立在一个非常基本的东西上——没有这个东西，我就不会是小亨利·罗思文，也不会是其他人。然而，我越是试图精确或清晰地说明这是什么，就越难做到。我"拥有"的什么使我成为现在的我，而不是别人？

请注意，我在试着回答关于我是谁的问题，我指的是"我自己"（反身代词）。第一人称、第二人称或第三人称的识别模式是不同的。当我们问自己这个问题并试图回答的时候，并不等同于在别人面前表明自己的身份。我倾向于用"民主党人"来回答政治民意调查，用"小熊队球迷"来回答棒球民意调查，用"美国人"来回答入境处，用"教授"来描述职业。所有这些都正确地标识了我的特定方面，但显然任何一个标识都不能将我描述成独一无二的存在。这些词不仅没有非常明确地标识我，我似乎也不会因为改变了其中任何一个或全部特征而失去自己的任何本质——我是我，而不是别人。我可能会抛弃民主党，转而支持共和党，或者（更有可能的是）支持社会党；可能会改变我对小熊队的热衷，转而支持红袜队；可能会辞去学术职务；可能会进入或离开许多其他群体。即使发生这些变化，我仍然相信一个本质上的我的存在。这些改变并不大，只是发生在某一层次的细微改变。令人困惑的问题仍然存在，具体来说，是谁改变了政治立场，是谁接纳了红袜队（小熊队的球迷可能会问我为什么），是谁放弃了教授职位？为什么我们认为我们知道自己并没有从根本上发生改变？

乍一看，我们可能倾向于通过回忆来确定自己的个性。没有人能拥有和我一样的记忆。每个人都有大量的记忆，所以我们可能需要以更集中的方式来重新表述这个问题：是哪些记忆塑造了现在的我？在探讨这个问题的时候，如果读者能换位，站在我的立场上去思考，那将更有利于接下来的阅读与交流。

你是谁

所以我问：你是谁？你有什么独特之处吗？你和他人有什么不同？我猜想你在试图回答时会感到有点疑惑。当你开始把"你"定义为你群体中唯一的成员时，你就会意识到这是极端困难的。但是，你可以说"是我的记忆造就了我，独一无二的我，没有人能完全拥有我的记忆，即使我有一个同卵双胞胎兄弟（姐妹），我们也有不同的记忆"。我可以认同这一说法，但这并没有回答"你是谁"的问题。做一个简单的思想实验：设想你的记忆可以被检索出来，这时提取你的第 1250 个记忆点，假设你遭遇了电击，那么你的记忆将随之发生改变，第 1250 个记忆点也不能被记忆起来了，而第 7735 个记忆点可以被记忆起来。你觉得你是否已经成了一个不同的人？为什么？

当然，我们倾向于认为，即使我们处在人生的不同阶段，拥有不同的记忆，我们始终还是我们，这一阶段的我和另一阶段的我并没有很大不同。设想一下，一个人在他 50 岁出头的时候，开始回想：如果我不去法学院，也没有成为一名执业 25 年的律师，我还能做些什么？我觉得很多人都会去设想自己人生的另一条道路。但这个问题并不能回应我们所思的、所梦的、所排斥的和所希望的。因为这个人已经成了一名律师，他的律师生涯对他的所思、所梦、所排斥和所希望都产生了深刻影响，所以另一条道路是很难被设想出来的。

这一点看起来可能有些模糊，某种程度上是因为"我"在我们每个人身上所施的心理咒语。无论身份是多么令人难以捉摸，我们似乎都确信自己有一个"身份"。很多人在他们人生的某个阶段会想"如果我能重新来过……"，然后去想象另一种生活，但那终究不是他们的生活。以我为例，我可能会对时光倒流后的自己说："嗯，我曾经是一名海军陆战队员，结过婚，养家糊口，后来成了一名教授。在那时，我做过那些事，但我本应该做点别的事。"但无论我多么异想天开，那些别的事终归都不是我做的，因为小亨利·罗思文曾是一名海军，结了婚，养育了一个家庭，成了一名教授，小亨利·罗思文今天的一切都受着他之前经历的影响。

如果这仍然费解，那么神经学家理查德·雷斯塔克也可以给我们一些启发。他提到，近来的研究显示人的大脑是动态变化的，它的变化贯穿人的一生。举个例子，当我们在阅读一本曾经最爱的书时，我们很可能再难寻觅初次阅读时的愉悦。这也说明了我们大脑的可变性，第二次阅读该书时的我们和第一次阅读时的我们并不是完全一样的人了。[①]

但我们无须只关注自我身份的"我"：彻底的健忘症患者是什么样的个体自我？阿尔茨海默病患者呢？在最近一本相关的图书中，苏·哈尔彭指出，当这种疾病的迹象开始显现时，会出现如下情况：

> 当你开始说某人不是他自己的时候，会发生什么？我们甚至会说我们不是我们自己，但这怎么可能呢？你除了你自己还会是什么？
>
> 显而易见且理性的答案是，你不能……你现在只是你自己。如果那个自我不记得自己呢？如果曾经的那个你只是别人的一段回忆呢？[②]

按照这个思路，我们可能会对我们认为的"真的"自己产生矛盾的认识，尤其是在休谟要求我们进行"无先入之见的反思"之后。因此，让我们在哈尔彭的引导下，简要地思考一下我们如何识别出他人。如果我们能更清楚地理解这一问题，可能有助于解决我们具体的自我认识问题。

他是谁？

假设吉姆是你非常亲密的朋友，他是你的大学室友，你婚礼上的伴郎，职业竖琴手，你的高尔夫球伙伴。你相信你是非常了解他的，你可以非常准确、非常详细地告诉别人，吉姆是一个什么样的人。但不幸的是，吉姆在一场可怕的车祸中成了一名醉酒司机的受害者，尽管他奇迹般地活了下来，但他已经四肢瘫痪，面部严重毁容，整形手术也无法修复。最糟糕的

[①] Restak, Richard. "Empathy and Other Mysteries: Neuroscientists Are Discovering Things about the Brain That Answer Questions Philosophers Have Been Asking for Centuries." *American Scholar*, 2011: 80.1.

[②] Halpern, Sue. *Can't Remember What I Forgot.* New York: Harmony Books, 2008.

是，当你第一次去医院看望他时，吉姆已经完全失忆了，他不仅不知道你是谁，甚至也不知道他自己是谁。

我猜你会认为吉姆还是吉姆，这是一个合理且人道的结论。有一个可能有违直觉的观点是：我们的肉体，我们的记忆，或者两者的结合，都不是识别一个独特个体自我的必要条件。有读者可能想要反对这个结论："在逻辑和语言层面上，吉姆仍然是吉姆。在你的思想实验中，当人们提到他时，你——罗思文，也必须假设自己被一起提及。我无法认真对待你的结论，除非我相信，当我被要求自己来做这个实验时，你提及的是同一主体。并且，如果我或其他人对这个实验感兴趣的话，我必须与你的假设保持一致。我也支持更具体、更实际的层面上的假设：他还能是谁？给他取另一个名字又有什么意义？谁赋予他的名字以意义，为什么？"

这种具有反问性质的意见，乍一看似乎很有道理，但请注意，这个反对意见建立在独特的个体自我的假设之上，因此它是在回避问题。更重要的是，这个反对的逻辑建立在语法之上，并没有实质意义：反复使用的代词必须清楚地保留相同的引用，以使包含它们的语句有意义，并在语法上正确。

让我们回到逻辑上的结论，如果我们想要像我们的反对者那样坚持"吉姆"持续一贯的身份，那么我们每个人都必须坚持：无论是肉体还是记忆，或者两者的结合，似乎都不是自我认同的必要条件，更关键的是经历。也许更矛盾的是，物理特征和记忆，无论是单独还是结合起来，都可能不足以对一个独特的个体自我进行独特的识别。近日哲学界颇热的讨论"缸中之脑"（brains-in-vats）证明，只有记忆和感觉不足以给予某一个体身份识别。①

托马斯·内格尔认为，一个正常智能的人在遭受长期脑损伤后，其智能会降低至婴儿状态，他的欲求可以因监护人的照顾而得到满足，就像婴儿

---

① 受近来的科幻小说和"黑客帝国"系列电影的启发，"缸中之脑"的讨论是柏拉图洞穴寓言、笛卡儿恶魔现代版的演绎，表达了对西方哲学的怀疑。参见：Putnam, Hilary. *Reason, Truth and History*. Cambridge: Cambridge University Press, 1981; Dennett, Daniel. *Brainstorms: Philosophical Essays on Mind and Psychology*. Boston: Bradford Books/MIT Press, 1981. 丹尼尔·丹尼特的文章《我在哪里？》用科幻的方式演绎了这一概念。

一样，所以这个人处于无忧无虑的状态。内格尔认为，虽然我们觉得这对当事人是不幸的，但这并不表明这个"婴儿"是不幸的。他问道："这个受伤的人还存在吗？"①

再看哈尔彭的观点，他认为这个受伤的人仍然存在，因为至亲仍有关于他的记忆，正如阿尔茨海默病患者一样，同样存在于亲人的记忆里。② 这是一个非常重要的观点，我们也会在后面的章节里进一步探讨，但请注意这并不能帮助我们更清楚地认识到，为什么我们会有一个独特的、自由的、理性的、自主的个体自我。

自我怀疑的基础

许多其他的论点可能会被引证来支持对认识论和本体论的怀疑，即关于持久的、本质的人类个体自我的观念。以自我欺骗为例，在过去的几个世纪里，尤其是自弗洛伊德精神分析学说兴起以来，已经有大量的哲学、心理学研究。自我欺骗的概念本身就很奇怪，因为它似乎自相矛盾：我们不喜欢欺骗者，同情被欺骗者；但当这二者是同一个人时，我们应该做何反应？一个更棘手的问题是：他们是同一个人吗？如果其他人坚持认为我在某些基本方面欺骗了自己，那么关于我是什么样的个体自我，谁的说法是正确的，或者可能是正确的？至少在某些时候，某些人的自欺陈述对另一些人来说是正确的，那么至少有些人在某些时候并不是他们所认为的那样。如果我们已经倾向于不依赖于他人所说而相信某人的话，我们大概只能接受关于这个人的自传体描述。③

再来回答关于"我是谁"以及"你是谁"和"他是谁"的问题。我没有提到所谓的"人格分裂"，即患有两极障碍或极端自闭症。神经科学的其他几个领域也对独特的个体自我的概念提出了挑战，在自我意识、自我认识和决策方面也有这种情形。一位神经学家近来主张，脑科学研究越深入，大

---

① Nagel, Thomas. *Mortal Questions.* Cambridge: Cambridge University Press, 1978, p.5.
② 参见第九章。
③ Fingarette, Herbert. *Self-Deception.* Berkeley: University of California Press, 2000. 该书的附录对我们进行自我欺骗的方式进行了详尽的解释。

脑维持自我感的证据越充分；在多数时候，并不存在一个独特的决策者，或者说不存在负责决策的决策者。[1] 当然也不乏还原论者，他们也会坚持认为不可能有自我这种东西，有时陈述得有些夸张，就像著名的双螺旋学家弗朗西斯·克里克所写的：

> 这一惊人的假说是"你"。你的欢乐和悲伤，你的记忆和抱负，你的个人认同感和自由意志，其实不过是神经细胞及其相关分子的巨大集合的行为。[2]

还有许多性质类似的陈述，但我不想把我对自主个体自我概念的否定建立在神经科学的基础上，我所关心的是这个概念的社会和心理学意义，是哲学层面上的思考，而非生理层面上的论证。

托马斯·梅辛格在他的跨学科专著《无名小卒》中，基于实证科学与人文科学、神经科学和哲学的思想，进一步挑战了自我概念。他总结道：

> 这是一本关于意识、现象自我和第一人称视角的书。它的主要论点是世界上不存在自我：没有人曾经是自我或拥有自我。[3] 问题就像我所看到的那样，它把现象经验本身误认为是超高度的自我——也就是说，"把媒介和内容"看作"同一现象的两个相互关联的方面"。[4]

如梅辛格所说：

> 并非每个人都对"意识"指的是什么有一个大概的认识。以我个人的经验为例，最常见的误解是把现象经验同哲学家们所说的"反射性自我意识"混淆起来。[5]

---

[1] Helwig, Uwe. "Me, Myself, and I." *Scientific American Mind*, 2010: 21.3. 可参阅该文献中的参考文献和注释。

[2] Flanagan, Owen. *The Problem of the Soul: Two Visions of Mind and How to Reconcile Them.* New York: Basic Books, 2002. 这本书对我们认识自我、大脑十分有价值。

[3] Metzinger, Thomas. *Being No One: The Self-Model Theory of Subjectivity.* Cambridge, MA: MIT Press, 2003, p.1.

[4] Metzinger, Thomas. *Being No One: The Self-Model Theory of Subjectivity.* Cambridge, MA: MIT Press, 2003, p.4.

[5] Metzinger, Thomas. *Being No One: The Self-Model Theory of Subjectivity.* Cambridge, MA: MIT Press, 2003, p.3.

梅辛格似乎站在休谟一边，认为经验是反对康德主张的首要因素，康德认为我们从自我即"我"开始。简而言之，似乎很难描述个体自我——为自己或为别人——然而我们倾向于继续相信每一个人都能了解自己，并且可以将自己与他人进行区分。基于此，针对"我是谁""你是谁"和"他是谁"等问题，我们一定有一个明确的答案。但也许这种信念有一个前提：我们必须事先设想关于身份问题的一个答案。正如哲学家约翰·格林伍德在他关于身份问题的研究中指出的那样，它在许多专业哲学家和心理学家中同样普遍存在：

> 许多关于身份的哲学和心理学解释的唯一共同点是对心理原子论的肯定——心理状态可以独立于它与其他心理状态的关系而存在，并被个性化；个人可以独立于他与他人的关系而存在，并被个性化，社会集体不过是个人的集合。这同样适用于大多数基于个人身份的"社会"理论"认知标签"。①

让每个人都问一问"我是谁"和"你是谁"，这个个人问题有着重大的哲学意义。我们越相信自己在本质上是独立的个体，独立于所有其他个体，就越容易成为独立的个体。人们的心理在很大程度上受到家庭环境和文化背景的影响，我不知道哪个是自我定义的决定性因素，但很明显，我们的社会越是通过政治演讲、广告、文学等方式发出强烈信号，表明我们是独特、独立、自由、自主、理性、利己的，我们就越有可能认为自己是独特的、独立的自我。奥尔德斯·赫胥黎明确而直率地阐述了人类的本质：

> 我们生活在一起，我们相互行动，相互回应彼此，但无论在何种情形下，我们总是一个人。烈士们手牵手走进竞技场，他们被单独钉在十字架上。②

19 世纪的女权斗士伊丽莎白·卡迪·斯坦顿也持相似的观点：

---

① Greenwood, John. "A Sense of Identity: Prolegomena to a Social Theory of Personal Identity." *Journal for the Theory of Social Behavior*, 1994: 24.1, pp. 25-26.

② Huxley, Aldous. *The Doors of Perception & Heaven and Hell*. London: Penguin Books, 1963, p.12.

> 我们独自来到这个世界，也独自离开这个世界。我们每个人都必
> 须独自踏上人生的旅途……正如我们在走投无路的时候必须依靠自己
> 一样，智慧的增长也指向独自个人的发展。[①]

显然，这种例子有很多。许多并不是独自一个人的人认为自己基本上
是孤独的，这一趋势在世界上许多地方都变得越来越明显，尤其是在美国。
罗伯特·帕特南十年前就在他的《独自打保龄球》一书中描述了这一情形，
正如书名所说的一样。[②]

我所相信的是，关于做人的认识会影响我的道德观，也会影响我与他
人关系的发展。

如果不是个体自我，我还能是谁？

一旦我重新进入我的日常生活，不再试图抽象地、孤立地思考自己，
"我是谁" 这个问题就变得容易了起来。我是老亨利·罗思文和萨莉·罗思文
的长子，他们对我的过去和未来产生了深远的影响，就像我影响了他们的
生活一样，因此，我首先是一个儿子。在我生命的三分之二时间里，我一
直是乔安·罗思文的丈夫，夫妻间相互有着很大的影响；我也是五个女儿的
父亲，她们的孩子的祖父；我是我老师的学生，也是我学生的老师；我还是
朋友的朋友，邻居的邻居，同事的同事；等等。当这些相互关系被具体化
时，这些相互关系也是清楚明确的——我是 "萨姆的父亲"，对萨姆的朋友、
丈夫来讲我都是萨姆的父亲。没有这些关系，我也就不知道我的身份将如
何被识别和确认。从实际存在的角度来看，我是无名小卒。除了这些关系，
我想不到能够用什么来证明我是唯一的小亨利·罗思文。没有人像我一样，
我也不是孤立存在的。如果你能跳出个体自我的成见，你也不会是孤立存
在的。我对大卫·休谟的说法进行修订，将 "感知" 统一地替换为 "角色"：

> 就我个人而言，当我近距离审视我所谓的自我时，我总是偶然发

---

① 玛莎·娜斯鲍姆引用于《国家杂志》。

② Putnam, Robert. *Bowling Alone: The Collapse and Revival of American Community.* New York:
Simon & Schuster, 2001.

现某些特定的角色，如儿子或父亲、朋友或邻居、老师或学生。我必须站在一个角色上去理解自己……如果有人经过认真的、没有预设的思考，认为他对自己有不同的看法，那我也不能跟他讲道理了。我所能承认的就是，他可能和我一样是对的，而且我们在这个问题上有着本质不同的意见。他也许能感觉到一种简单而持续的东西，这超越了他所扮演的角色。尽管如此，我确信我没有这样的想法。①

从第六章开始，我将详细讨论儒家的关系人及其遵循的角色伦理。就目前而言，如果我的读者能够接受休谟的观点，即相信存在于我们每个人内心的本质的、个体的自我是一种本体论虚构，这就足够了。在一个非常简单的层面上，我们倾向于认为我们每个人都有一些关于自己的东西，一些使我们成为独一无二自己的本质的东西。但是，只要我们忽视人类的亲缘关系，只考虑自己，试图描述这种独特本质的尝试就会被证明是极其困难的。当我们试图在一种社会真空条件下使特定的人成为独一无二的个人时，我们遇到了类似的困难。

诚然，在某些情况下，如果你在某个群体中做了众所周知的事情，那么你就会在这个群体中扮演某一特定的角色。如果你是职业棒球运动员，并且是第一个在大联盟打球的非洲裔美国人，那你一定是杰基·罗宾逊。如果你是一个音乐家，写了《月光奏鸣曲》，那你就是贝多芬。如果你是第一个登上月球的宇航员，那你就是尼尔·阿姆斯特朗。可能有千分之一的人是这样被认定的。对于剩下的千分之九百九十九的人来说，告诉别人我们是独一无二的人的做法多少是有问题的。但如果在与他人的关系中这样说，那还是奏效的：知道贝多芬写了《月光奏鸣曲》很重要，但如果我们不了解贝多芬的事，我们就不能够确定贝多芬是独一无二的，可见贝多芬也就需要扮演一定的角色。

使人们相信人类的定义就是角色的总和，这更困难。首先，如果我们只是我们扮演的角色的总和，而角色在我们的一生中都在变化，那么就没有什么能让我们成为本质上的我们。这乍一看是违反直觉的。其次，郝大

---

① 我首先在我的以下文章中使用了这一论断：《谁选择？中文文本和哲学语境》。参见：Rosemont, Henry Jr. (editor). *Chinese Texts and Philosophical Contexts: Essays Dedicated to Angus C. Graham*. Chicago & La Salle: Open Court Publishing Company, 1991.

维和安乐哲从伦理学的角度阐述了一个相关的观点：

> 西方社会理论倾向于接受个人绝对的概念，这表明他们很难在不挑战自由和自主概念的可行性的情况下，为社会依存提出适当的理由。从儒家的观点来看，最严格意义上的"个体"概念本身就是存疑的。"社会性"是存在的根本。①

到目前为止，我一直在论述我想反驳的个体自我的概念，但阐释儒家思想时则需要以个体自我为背景，同时论述角色人的概念，这也确实会挑战自由、自主的观念——大多数道德和政治品质共同构成了道德和政治理论的主题——诚实、勇气、权利、智慧、责任等——它们存在于个人之中，而不是关系之中。我请读者做出某种"格式塔转换"，就像用普通的图片来说明格式塔转换一样，我们要么看到一个年轻的女人，要么看到一个穿着维多利亚时代服装的老妇人，但我们不能同时看到他们。我们看到两张脸面对面的剪影，或者我们在图片中看到一个瓮形的中心舞台，但这不能同时做到，维特根斯坦的《鸭兔》和其他许多类似的照片也是如此。

因此，为了更清楚地看到儒家的视野，我们有必要做一些格式塔的转换。我们必须停止看盒子，而是要注视两张脸面对面的剪影，改变视角，看到年轻的女人和年老的妇人。这个任务在任何情况下都不容易，当我们思考自我定义和理解时，更是如此。② 我们不一定要接受没有个人自我概念

---

① Hall, David L. and Roger T. Ames. *Thinking Through Confucius*. Albany: SUNY Press, 1987, p.153.

② 有一种愉快而深刻的方式来理解这一点，即米凯尔·克劳斯为四个有着不同参考框架的朋友所写的对话的标题：《相对主义、绝对主义及其超越的对话：印度四日》。参见：Krausz, Michael. *Dialogues on Relativism, Absolutism, and Beyond: Four Days in India*. Lanham: Rowman & Littlefield, 2011. 接着，他又写了另一本与之相关的书，我同样向读者推荐这本书：《合一和自我的替代》。参见：Krausz, Michael. *Oneness and the Displacement of Self: Dialogues on Self-Realization*. Amsterdam: Rodopi, 2013, n.d. 妮娜接受了印度教吠檀多的形而上学，并寻求与"一"的结合；许多读者会认同亚当，他是一个相当坦率、具有科学倾向的个人主义者，但并不清楚妮娜在讨论什么；芭芭拉也是一位"现实主义者"，但她看到的是妮娜在不接受玄学也不离开的情况下冥想她日常经历的世界。罗尼是一个隐藏的儒家学者，但他似乎并不知道这一点，而且在讨论自我参照和/或高度抽象的思想时，他一直被语言误导我们的能力这个现象所困扰。妮娜并不是真的关心它并谈论它，而是直接去体验它。在众多作品中，柯劳兹出色地展示了维特根斯坦对人类宗教体验的深刻洞察，他用"我们不能说的，我们必须保持沉默"来结语。"但不幸的是，这必然导致对话的终止。"

的伦理、政治和其他更严肃的观点，但至少要认真对待早期儒学。柯林斯在其著作《哲学社会学》中说：

> 在现代法律和政治中，个人被定义为负责任的行为人。日常生活中的戈夫马尼亚仪式崇拜个体自我的自主性和私自性，我们只有从周围的环境中抽象出来才能了解个体。我们这样做似乎很自然，因为世界似乎是从我们自己开始的。但事实上，只有在特定的个体实践中，我们才能学会如何构建这个纯粹的个体起点。[①]

根本没有自我？

现在的这些问题和关切都是第六章的铺垫，我们会在第六章中详细探讨角色人的概念。但在深入探讨角色人概念前需要解决两个问题，以便继续削弱个体自我的概念。第一个问题与具体内容有关：到底是谁扮演了这些儒家角色？换句话说，吉纳维芙的父亲、乔安娜的丈夫、塞巴斯蒂安的祖父是谁？

这个问题的最佳答案可能是"肉体"。如果我们重提前面的例子，经历毁容和失忆的朋友吉姆，即使他没有记忆，看起来也不再像过去的吉姆，我们仍然强烈倾向于认为在床上的那个人就是我们的朋友吉姆。纯粹的肉体，以及它在时间上的延续，对我们来说是必要的，也是足以证明个体存在的——肉体，尤其是相对于关系，更直观且"真实"，如果持续的肉体能够跨越时间，让我们重新识别一个人，那么它也应该能够跨越角色，让我们重新识别一个人，这是专有名词的主要功能。谁是吉纳维芙的父亲？小亨利·罗思文。谁是康斯坦斯、萨曼塔和凯瑟琳的父亲？小亨利·罗思文。谁是道恩·史密斯的养父和卡拉·米蒂奇的叔叔？还是小亨利·罗思文。我不清楚除了我的名字和它所体现的外延之外，还能用什么来回答这些问题。

注意，我还可以回答一个后续问题："谁是吉纳维芙的父亲？"这个提问

[①] Collins, Randall. *The Sociology of Philosophies: A Global Theory of Intellectual Change.* Cambridge, MA: Harvard University Press, 2000.

方式可以让我们直接触碰到角色伦理的核心——"乔安的丈夫"或"老罗思文的儿子"，这两种回答都是可以的。这都暗示，还有别的人际关系可以指涉小亨利·罗思文。基于老罗思文的儿子这一回答，我们可以推断，老罗思文有一个叫吉纳维芙的孙女。这就是我所说的，我是角色的总和，当它们都被指定并且它们之间的相互关系都得到显现时，那就是我。就我自己而言，我很难清楚地认识到，作为一个独立的个体自我，我认为什么是至关重要的，但我可以很快地认识到我过去和现在所扮演的多重角色。事实上，在我的角色互动中，与他人的联系越紧密，我就越难认真地思考自主、独立于角色的个体。我怀疑这种自传体描述能否说服许多读者，所以这只是一个引子，请你们每个人都思考一下这个问题：我敢用"自己"这个词吗？但我也可以给出另一个哲学论证，基于我们在本章前面遇到的心理学问题：如果你不接受角色总和这一论述，你会接受什么观点？让我们回到这个问题："你是谁？"这对我们大多数人来说都很难回答。此外，如果你接受角色综合这一观点，那么自主的个体自我的概念又有什么价值？它做了什么概念性的工作？我们为什么需要它？

挑战个体自我的存在有另一种非常不同的哲学的反对意见，它较少针对具体内容，更多的是一般性的方法论探讨，但现在也应该提出来看看。

反对的理由可能是这样的："借助休谟的论点，你提出了一些论述来反对心理学、本体论、认识论维度上的个体自我概念。它可能是，也可能不是玄学小说，但它在哲学上确实是富有成效的，而在道德和政治哲学上，它即使确实是虚构的，也至少推动了哲学的进步，很多哲学家会将这些虚构的假说运用到自己的研究中去，如自然状态说、无知之化身、社会契约。许多哲学家不仅关注运用这些虚构来推演为人类公益考虑的概念，在最近的几个世纪里，一些哲学家还将这些虚构与个体自我联系起来：自由、自主、理性、平等、人权等等。如果这些宝贵的品质不在个体自我内，那么它们能依附于什么？如果我们确实重视自由、自主、理性、平等、人权等等，那么我们可以说，人类最基本的个体自我定义并非简单地通过描述的角度来理解，而是通过基本的、说明性的角度来理解的。在某种程度上，我们把这些自由主义价值观看得很重，那么我们就应该从根本上假定人类是个体的自我，不管这些自我在认识论和心理上是多么难以捉摸。虽然可能到最后，本质的个体自我的观点确实是一个形而上学的虚构，但它在道德上和政治上都是非常有用的虚构，本质的个人自我的定义是规范性的解释。"

这不是一个无关紧要的反对意见。我们不能太快地否定个体自我的概念，仅仅在一本书的一章里，就试图抛弃一个对整个西方知识体系都如此重要和确定的概念，这是行不通的。为了给"角色人"这一概念腾出空间，我不仅要论证"人是个体的自我"这一概念的描述性失败，还必须指出，从说明性角度出发也是行不通的。我们当前所面临的诸多全球问题都受此影响，无法得到进一步解决。

第四章

个体自我信仰的规范性

没有机会的自由是魔鬼的礼物。

——诺姆·乔姆斯基[1]

一个有用的假想？

上一章的主题是，人类作为独立自主的个体自我的定义在描述上是失败的。我们似乎无法描述这个我们人人拥有的自我，很难描述是什么让我们成为独一无二的个体，或者用什么标准来判断他人在时过境迁后还是同一个人。我们对如何认识诸如阿尔茨海默病患者等看似异常的病例没有很强的直觉或标准，也难以回答休谟的逻辑问题，即体验者可能对体验对象有什么样的体验。所有这些至少表明，自主的个体自我的概念充其量是一个混乱的概念。

当然，这些论点或之前提出的其他论点都不能证明，人类不是独立的个体自我，且目前的研究带来了越来越多大脑运作的自然主义证据。但我相信，这些论点是相当有力的，神经学证据也在不断增加，而且，正如我在第一章第一节中所说的，这类问题无法被证明。休谟很清楚这一点，他在结束对这一点的思考时如是说道：

> 如果一个人，经过认真而不带偏见的思考，认为他对自己有了
> 不同的看法……那么我无法再跟他讲道理……虽然他也可能同样正

---

① Chomsky, Noam. "Market Democracy in a New Neo-Liberal Order: Doctrines and Reality." *Z Magazine*, November 1997.

确，对事物的见解有简便、延续、自洽的解释；即使我并不支持他的
观点。①

但是，证据的缺乏并不意味着我们对个体自我的合理怀疑是没有根据
的，特别是在启蒙时代后的伦理、政治理论和社会科学领域。在这些领域
中进行的一些工作是相当有益的，我们可以认为这种假想对人类社会的改
善足够有用，因此它应该被保留，以混用或其他的方式发挥作用。

当然，我们应该始终保持警惕，慎将为机构或个人提出的对策建立在
假想的基础上，但在目前的情况下，这个假想有太多的道德和政治影响，
因此很少会有反对意见。正如我希望在本章中所表明的那样，无论过去这
种假想起到了多大的作用，它在解决威胁到全球社会的许多严重问题时都
捉襟见肘。我更了解美国的国情，我的大多数例子也取自当代美国。我认
为，美国比世界上任何其他国家都更相信自由、自主的个体自我。②

基础个人主义的模式

在这一章中，我们不会关注本体论或认识论的自我概念。但我们先要
简单回顾一下前面几章已经讨论过的问题，这对读者理解本章的内容会更
有帮助。

作为一种流行的哲学"主义"，基础个人主义有着形形色色的表现，但
我认为这些都不利于解决当今世界的一些问题。在本体论个人主义的两种
主要形式中，一种是普遍存在的，即每个人都有一个不同于其他所有人的
独特的自我。无论这个自我是三位一体论，还是单一论，或者我们找不到
根据的观点，它都是我们，是我们自己关于人权的认识。

本体论个人主义的第二种主要形式为多数思想家所接受，也被称为方
法论个人主义，它主导了哲学领域的大量工作，同样也主导了社会科学和
行为科学的相关研究，尤其是心理学和社会学。在哲学中，这是一种道德

---

① Hume, David. *A Treatise of Human Nature*. Harmondsworth: Penguin Books, 1985, p.299.
② 我对类似的霸凌行为多有论述，详见：Rosemont, Henry Jr. "U.S. Foreign Policy: The Execution of Human Rights." *Social Anarchism*, 2000: 27.

分析，关注的是行为、动机或结果。许多心理学家认为：首先，心理状态可以个性化；其次，个人可以存在；再次，心理状态和个人都可以有效地得到独立研究。在社会学中，方法论个人主义的主张是，个体自我的聚合构成了主要的现实，社会或政体是一个二级的抽象结构，受马克斯·韦伯影响的研究也经常持相似观点。哲学家们经常以同样的方式来审视这个问题，例如，约翰·斯图尔特·密尔认为：

> 社会现象的规律只是人类在社会状态中结合在一起的行为和情感的规律。然而，在社会状态中，人仍然是人，只是他们的行为和情感服从于个人本性的法则。[1]

基础个人主义在认识论中也很容易得到辨认，例如，该主义主张，人类可以作为独立于文化的个体来认识世界，人们可以"看到"世界的本来面目。认识论的个人主义与经验层面上的客观性概念紧密相连，通常也与主观性紧密相连，更具体地说，个体可以作为一个个体自我来认识个体自我。

作为社会契约人的个体自我

在政治理论中，本体论、认识论和方法论上的个人主义或许以最直接的形式得到了呈现，即社会契约。虽然亚里士多德认为人类是社会性的动物，但他从未从严谨的哲学角度提出过此观点。在亚里士多德之后，这一观点一直在淡化，在托马斯·霍布斯时几近淡出，霍布斯认为人类是原子，需要通过合作来保全自己的所有。因此，这种精于算计的个人假想被用来产生另一种同样具有普遍影响力的假想，一种"自然状态"——真实的或想象的——在这种状态下，自我寻求的理性个人走到一起，形成一种符合他们自身利益的状态。[2] 自然状态对霍布斯来说可能是糟糕的，对洛克来说可

---

[1]　Mill, John Stuart. *A System of Logic, Ratiocinative and Inductive.* London: Longmans, Green, 1930, p. 608. 密尔多多少少显示了他个人主义倾向下对独立和相互依存的理解。他认为，政府不应插手个人的无他害行为。这也侧面说明，他认为世界上存在无他害行为。从儒家角度看，这是不可信的。参见：Mill, John Stuart. *On Liberty.* New York: Library of Liberal Arts, 1956, p.92.

[2]　在他著名的各种版本的《利维坦》里。

能更好，对罗尔斯来说则可能是一群健忘的人。但对他们所有人以及其他所有人来说，社会政治国家都是人为的，是个人为了更好地追求自己的安全和自身利益而集体推理形成的产物。这些意象强烈地表明，我们不是社会性动物——与亚里士多德认为的相反——而表明我们的人类同胞只不过是我们的个人目的得以实现的手段，有时是有益的，有时则不是。这种意象下的规范性很少被注意到，但我们不能就此埋怨"自然状态"和社会契约论太过宽泛而毫无价值。社会契约论可以用来解释政治义务的根源。如果我们真的自由、理性、自主，我们就不应该向强制我们服从独裁者的政府屈服，因而放弃我们的自由。

这种自由、理性的个体自我概念显然是最为重要和最为基础的现代西方道德和政治理论。这一观念的拥护者包括霍布斯、洛克和罗尔斯，还有卢梭、康德、马克思、边沁和密尔。这一概念影响极广，甚至影响到了几乎所有当代社群主义者和女权主义者。虽然以上这些哲学家和其他思想家对个人主义的认识不同——当代社群主义者和女权主义者对"强烈"个人主义的整体贡献也较为有限，他们的观点基于个人主义、自我个体，并将其视为客体、选择和责任的轨迹。[1] 个人也因此成为描述、分析和评价道德和政治行动的焦点：如何评论职责、义务、民主、人权等概念。假定个人不是自由、理性和自主的，那么谁拥有这些责任和义务？谁又是这些责任和义务的对象？

因此，基础个人主义以不同的形式成了启蒙运动早期的主导思想。它为美国和法国革命的合法性做出了很多贡献，在两个多世纪中，也在政治上、社会上、创造性上对西方人产生了巨大的积极影响。像我在这里主张的一样，对于越来越多来自西方及世界其他地区的人来说，基础个人主义更有利于使不平等和压迫合法化，而不是促进正义和解放，民主也因此而式微，但与此同时，我也不否认其在鼎盛时期所带来的好处。

这些成就在一定程度上支持了基础个人主义和自然状态的意象在西方世界的长久生命力，但这并不足以继续将其支撑下去，因为这两个思想并

---

① 见第三章。

不可靠，纯属完全抽象的概念，也不能准确解释我们是谁，我们如何成了今天的我们，以及为什么基础个人主义和自然状态仍然无处不在。

1977 年，大卫·高契尔发表了一篇影响深远的论文，但在当时并没有得到太多的关注。在《社会契约思想》中，高契尔声称，西方思想中的社会关系基本上被视为两个或多个个体所缔结的合约关系，他们是自私自利同时也是理性的人。[①] 他还声称，这种意识形态将人视作本质上自由、自主、理性个体的做法是对人类行为最好的解释。

从这个意识形态的角度来讲，社会关系只有被个人所认同才具有合法性，才是公正、恰当和理性的。因此，在这种意识形态中，生活在一起不是人类的自然状态，也不是人类应有的自然状态，而是一种建立在建造者自身利益基础上的手段。高契尔的文章在发表时并没有引起太多关注，部分原因是他在自己更著名的道德著作中接受了这种意识形态。然而，从另一个角度来看，这篇文章对现代西方哲学有很大的颠覆性。他声称，社会契约论始于霍布斯，贯穿了所有现代西方政治理论，直到罗尔斯和高契尔本人，社会契约论都是虚构的，但已经变成了一种意识形态：

> 在我们的自我意识深层结构中有一个基本组成部分。通过自我意识，我了解到人类的一种能力，即人们将自己与他人、社会结构和机制、自然环境联系起来的能力，他们还会根据这些联系采取行动。[②]

如果高契尔是正确的，那么，否定人类（当然包括自己）的自由、自主和理性是十分困难的。个体自我与其他人共同构成了互利关系，这使得从与他人关系的角度去理解人类的做法变得困难，也使人难以想象人类生活在一个非竞争性的社会中。这种认知模式已经影响了西方两百余年，对我们深层思维的影响甚至比高契尔所认为的还要大。约翰·劳格林和约翰·特拉夫根在神经科学研究中说：

---

① Gauthier, David. "The Social Contract as Ideology." *Philosophy and Public Affairs*, winter, 1977.

② Gauthier, David. "The Social Contract as Ideology." *Philosophy and Public Affairs*, winter, 1977, p.426.

> 人类并不是简单地居住在一个环境中——在我们大脑神经结构中形成的自我、他人和环境的模型——这是我们在与外在世界互动并进行诠释的过程的产物。[①]

高契尔的分析在更深的层面上指出，只要我们为这个意识所桎梏，我们就不可能客观、公正地去思考或评价正义、人权、人性，或者其他任何与政治、道德有关的东西。在考虑到自由、理性、自利、自主的个体时，这个意识形态也会与社会契约论相左。[②] 没有什么比麦金泰尔对儒家思想的评论更能说明高契尔的观点了。麦金泰尔是西方自由主义（可能显得有些保守主义）思想的社群主义学派的主要代表人物之一，他说：

> 有人认为，任何现代国家，无论是东方国家还是西方国家，都能体现孟子或荀子的角色价值观，对此我并不同意。在政治层面上，儒家思想将二者视为先贤，二者是社会的老师，而非国家的老师。[③]

总而言之，我们有很多理由从规范性角度来解释个体自我的概念，尽管它似乎并不能准确地描述人类，以及我们的世界：（1）它有一个很有力的心理维度，我们很难不认为自己是独立的、与众不同的。（2）它在概念上深植于我们的意识中，已然成为一种意识形态，而不仅仅是一种哲学观点。（3）在过去的两个世纪里，个体自我孕育了一些概念，如人权，为几千万人生活的改善做出了巨大贡献。（4）"还能用什么来解释呢？"换句话说，哲学、心理和历史等学科都参与架构了个体自我概念的规范性定义，这也是这一概念得到保守派和自由派广泛支持的原因。

[①] Traphagan, John. *Rethinking Autonomy: A Critique of Principlism in Biomedical Ethics.* Albany: SUNY Press, 2013, pp. 12-13.

[②] Macpherson, C. B. *The Political Theory of Possessive Individualism: Hobbes to Locke.* New York: Oxford University Press, 1964.

[③] MacIntyre, Alasdair. "Questions for Confucians: Reflections on the Essays in Comparative Study of Self, Autonomy, and Community." In *Confucian Ethics: A Comparative Study of Self, Autonomy, and Community*, edited by Kwong-loi and David Wong. Cambridge: Cambridge University Press, 2004, p.217.

自　由

个体自我所在的概念群也包括自由，因此，我们又多了一个去接受个体自我的概念。心智正常的人都不会批评自由。有些人可能会坚持认为，某些有价值的人应该比其他人享有更多的自由；还有一些人可能坚持认为，实现明天的自由需要今天做出许多牺牲。但无论这些人在政治上是极端保守的右翼还是属于威权主义的左翼，或介于两者之间的任何一方，自由的价值都排在每个人价值序列的顶端，自由是一种纯粹的好东西，个体自我也是自由的。

在西方道德哲学和政治理论中，自由显然是一个核心概念。在法理学和当代生活中的许多其他领域，尤其是在广告领域，自由同样处于中心地位。"你为什么这样做"这个问题没有任何道德强制力，除非它假定被问者可以自由地做其他的事情。大多数的政治理论，即使是在无知之幕下（只有当缔约各方都对未来处于无知状态时，制定的游戏规则才公平）进行的，也肇始于霍布斯的假设，即人类从根本上是自由的，然后才能试图证明受国家管制的自由的合理性。在法学中，如果不适当考虑有关各方的自由，使各方都有权利进行语言表述，就很难在民法或刑法中公正司法。当然，惩罚经常通过严厉限制罪犯自由的形式来实现。不管卖的是什么，只要广告中有"自由"这个词，销量就会有所提升。

自由的概念在实践中与在理论上一样重要，这一点在美国政治的三权中都得到了清楚的证明。在法律上，如果能够证明被定罪者没有被告知他们有保持沉默的自由，那么基于供词的重罪判决将被推翻。一名推动福利法案的立法者以增加穷人的自由和机会为基础，为福利法案辩护，这一法案遭到了一些人的反对，这些人认为财富再分配措施侵犯了富人自由处置其财富的权利。

我们可以用另一种方式去看待自由概念的哲学重要性：它存在于西方道德哲学的概念群中（在第二章简要介绍过），"权利""民主""正义""选择""自主""个人"等一系列词语在没有"自由"概念的情况下也难以得到清晰的定义（也许根本就无法明确定义）。但是，如果没有这些词语，英语世界几乎不可能进一步讨论道德、政治或法律。

对于任何特定的司法裁决，任何一项立法，或任何方面的外交政策，人们的支持或反对都与自由有关。自由不仅被视为根本上的概念，还被认为是一种毋庸置疑的良善，它是我们作为人类的美德，我们必须被认为生来自由。不同的道德、政治和法律理论是否受到支持或辩驳，在很大程度上取决于它们能否最大限度地促进人类自由。

这个词除了具有积极的含义外，通常还意味着人们不受约束，可以在决定做什么的时候完全独立于他人。这种"自由"的意义正是美国在实现社会公正时所面临的问题的根源，也是我要挑战的意义。当然，我并不是说奴役是件好事。但是，即使是些微小的随心所欲的梦想，也与角色人对履行多重责任的努力是两码事。我们被我们的角色所赋予的职责所限制，因此必须努力确保我们有能力去履行这些职责，但这离随心所欲的自由行动还有很大的距离。

自由的概念在其他方面也不是相同的：自由有许多种，而这些自由所处的价值排序在很大程度上区分了不同的道德、政治和法律理论。因此，我们来集中讨论一个问题，它涉及道德、政治和法理，同时也是美国和当今世界冲突的一个主要根源——人权。

人　权

自洛克以来，人权的概念有多种形式，但自 1948 年联合国《世界人权宣言》颁布以来，基本就以其为核心了，而《世界人权宣言》又以自由的概念作为人类的基本特征。[①] 如果我们在本质上是自由的，那似乎意味着没有人应该限制我们的自由，包括言论、信仰、财产处置自由等。因此，我们必须享有这些权利，唯一的限制是，我们也不能侵犯他人的这些权利。对美国人来说，这些权利受到《权利法案》的保护，其中包含洛克的很多观

---

① 在很多地方都可以找到《世界人权宣言》，我推荐以下版本：*The U.N. Declaration of Human Rights 1948—1988 Human Rights, the U.N., and Amnesty International*. AIUSA Legal Support Network, 1988.

点，托马斯·杰斐逊对此进行了修正。这一法案性质是公民权利和政治权利，也常被称为"第一代权利"。

长期以来，美国人一直为《权利法案》限制了政府对公民生活的干涉而感到骄傲，也期望世界各国政府都可以受到类似的约束。美国人将这些公民权利和政治权利视为最基本的自由，其合理性在很大程度上建立在人类在根本上是理性的、自主的个体自我的观念之上。我们确实是这样的人，我们也必须是自由的，否则我们就无法实现使我们独一无二的潜质。在过去的一个半世纪里，随着美国工业的发展，这些权利已经超越了人类本身，延伸至那些被认为是自由、自主、理性和自利的企业。[①] 但自由的逻辑仍然是个体自我。

我必须重申，因自由的个体自我的思想而产生的良善必须保留在任何一种道德或政治的观念中，尽管我认为其最初的前提是错误的，而且已经变得有害。但数以百万计的人受益于这样一种观点，即人类应该被视为自主、自由、理性的个体，它所带来的人类尊严的提升值得被珍视，而不应遭到摒弃。事实上，有些人可能会认为，在这么多人对个人自由缺乏经验的情况下，对个人自由的重视表示怀疑的行为是具有反叛性的。[②]

美国的《权利法案》只关注公民权利和政治权利；联合国《世界人权宣言》则有更多的阐发，认为所有人都有基本的社会、经济和文化权利（第22—27条），包括工作、医疗、住房、粮食和粮食安全、教育等。这些第二代权利在第二次世界大战后被纳入《世界人权宣言》，以敦促各国政府消除贫困，总目标是消除社会和自然对人类充分发展的障碍。没有这些社会、经济和文化权利，联合国所主张的所有自由、自主概念都是空洞的。

---

① 彼得·凯尔曼论述了企业成为权利个体人（而非责任人）的情形，参见：Kellman, Peter. *Building Unions: Past, Present and Future*. Ann Arbor: Axel Press, 2001.

② 源于人权概念的良善激励着儒家学者继续前进，这种激励并不亚于对其他任何流派的促进。对儒家人格的概念与人权理论的个人主义概念的混合是一种更好的尝试。尽管博科娃的文章与我的观点相左，但我还是将其文章列入推荐阅读作品清单，比如《在西方哲学传统中的儒学和伦理（2）：人格的比较研究》。该文首刊于2010年4月7日的网络期刊《哲学罗盘》。之前，她的文章《自由的德性》刊载于关于我的文集《擦亮中国的镜子：向小亨利·罗思文致敬的文集》。参见：Chandler, Marthe and Ronnie Littlejohn. *Polishing the Chinese Mirror: Essays in Honor of Henry Rosemont Jr.* New York: Global Scholarly Publications, 2008.

　　然而，对于"自由"是否以相同或不同的方式用于描述和／或证明两套所谓的权利，则并未形成普遍共识。具体来说，最重要的是要注意到，第一代公民权利和政治权利是被动的，它们唯一关注的是自由。这可以从以下事实中看出：只要无视你，我就可以完全尊重你所有的公民权利和政治权利；你当然有说话的权利，但不能让我听到。要理解这种被动的重要性，我们必须注意到，社会、经济和文化权利不是被动的，而是主动的。最重要的是，我们现在所关心的是，如果其他人想要获得这些权利的好处，我们就必须做一些事情，至少要缴纳更多的税。换句话说，学校、医药、就业、粮食安全、保障房、医院等，都不是从天而降的，它们是人们自己建造的。在所有以自主个人概念为基础的当代人权论述中，都存在着一个根本的冲突：我们被认为在道德和政治上有责任去协助他人创造和获得产品，并实现社会和经济权利；但就此而言，我们不是完全自主的个体，享受完整的公民权利和政治权利，能完全自由理性地做决定，我们必须和其他人一同去帮助不幸的人们。

　　《世界人权宣言》简单地把所有的权利连在一起，这意味着它们彼此兼容。如果不是以基础个人主义为前提，它们很可能是兼容的。如果我承认你的社会权利和经济权利，如你对粮食和粮食安全、住房、医疗保健、工作等的需求，那么我就必须积极帮助你获得这些权利。但那样的话，我就再也不能完全自由地以个人身份去追求自己的所需了。出于这个原因，我可能会否认你拥有合法的社会、经济和文化权利。作为个人自我，我为什么应该成为我弟弟妹妹的看护人？

　　如果一个人相信他自己可以获得这些物质利益，或者以自由选择的契约形式与其他一些人合作，那么我们也可以获得伴随第二代权利而来的物质利益。这并不表明我们可以自由地选择帮助他人，因为所有这些援助都是慈善行为，而不是承认他人对此享有的权利。帮助别人的行为必须是自愿的，强制性是对我们作为自由、自主的个人自我的侵犯。

　　这种紧张关系构成了最近欧洲国家、美国以及其他发达国家对西方福利国家政策的许多抨击的依据，通常以财政责任的方式进行表述。从某种意义上说，这的确也有道理：第二代的社会、经济和文化权利比第一代的公民和政治权利更昂贵，需要付出更多的代价才能实现。

人权运动的未来将变得更加复杂，因为世界范围内仍未对人权运动究竟是什么、需要如何进行价值排序的问题达成一致意见。如果确实存在普遍权利，那么它们是什么？哪些是基本权利？它们可以进行价值排序吗？为什么，或谁有解释权？如何在冲突的权利主张中做出判断？如何平衡权利和责任？应该指出，这类问题并不是单纯的，甚至在很大程度上也不是法律问题，而是本质上的道德和政治问题。[1]

由于在哲学、政治和外交事务中很难就人权及其相关问题[2]达成一致，因此，人们倾向于把这些问题放在一边，而更直接地把注意力集中在那些将人权流于口头的国家上。我对此持肯定态度，但问题和紧张局势没有因此消失，它们早晚都必须得到正视。

那么，让我们继续分析第一代和第二代权利与个体自我之间的区别。其中最直接的一点是，就个体自身的公民权利和政治权利而言，我们不需要把眼光放得过远；而就第二代权利而言，我们必须关注社会中的其他人。习惯于个体自我概念的人很难在一开始就注意到这一点。

我们应该注意到，几乎所有的基础个人主义及其演绎都将人们与他们的同胞和文化断开了联系。在心理学中，个体的心理状态与其他状态是脱节的；在社会学中，人们的心理状态只不过是个体成员心理状态的总和；在政治的社会契约理论中，国家是人为创立的。这些孤立的、非历史的观点是，人是自主、自由和理性的个体，他们不仅置身于个人生活的历史之外，

---

[1] 这也是我认为很多关于此主题的作品价值不高的原因，但我也列举一下我认为不错的作品。Nickel, James. *Making Sense of Human Rights: Philosophical Reflections on the Universal Declaration of Human Rights*. Berkeley: University of California Press, 1987; Waldron, Jeremy. *Theories of Rights*. New York: Oxford University Press, 1984; Bauer, Joanne R. and Daniel A. Bell. *The East Asian Challenge for Human Rights*. Cambridge: Cambridge University Press, 1999; Bob, Clifford. *The International Struggle for New Human Rights*. Philadelphia: University of Pennsylvania Press, 2009. 读者也应阅读一下联合国的相关出版物，尤其参见：*Human Rights: A Compilation of International Instruments*. United Nations Press, 2 volumes, 2002.

[2] 萨姆纳·特威斯采用了这一立场，我至少在政治层面上是支持他的。参见：Twiss, Sumner. "Constructive Framework for Discussing Confucianism and Human Rights." In *Confucianism and Human Rights*, edited by William Theodore de Bary and Tu Weiming. New York: Columbia University Press, 1998.

还置身于家庭和社区的历史之外。这也使得处于"自然状态"的葛丹克实验的人为性更加明显，并产生误导，不能进行真正的解释，因为它远离我们的日常生活，远离实际。与此同时，沿着这样的思路思考，就很难想象另一种形式的生活和社会。从这个意义上讲，作为一种意识形态，基础个人主义"运作良好"。

　　所有的这些个人主义观点可以成为自我实现的预言，我们越容易被描述、分析和评价，我们与家庭、朋友、社区、社会就越疏远。从大卫·里斯曼的《孤独的人群：美国人社会性格演变之研究》[①] 到罗伯特·贝拉的《心灵的习性：美国人生活中的个人主义和公共责任》[②] 以及罗伯特·帕特南的《独自打保龄球：美国社区的衰落与复兴》[③]，这些著述都能反映这一现象。人们采取行动的基础是将自己理解为自主、自由、理性的独立个体，接受社会契约论意识形态，在与他人的互动中，人们也会把他人视作同类。

行动中的公民权利和政治权利

　　当然，我们有可能在这个问题上采取更积极的态度，就像以赛亚·伯林所提出的"消极自由"，这是我们对政府的期待：

> 我希望我的生活和决定取决于我自己，而不是任何外部力量……我希望成为一个主体，而不是一个对象；我希望我能因理性而动，而不是因外在而动。最重要的是，我希望我能意识到自己是一个有思想、有意愿、积极主动的人，对自己的选择负责，并能通过自己的想法和目标来解释这些选择。[④]

---

① Riesman, David, Nathan Glazer and Reuel Denney. *The Lonely Crowd: A Study of the Changing American Character.* New York: Doubleday Anchor Books, 1963.

② Bellah, Robert, et al. *Habits of the Heart: Individualism and Commitment in American Life.* Berkeley: University of California Press, 1985.

③ Putnam, Robert. *Bowling Alone: The Collapse and Revival of American Community.* New York: Simon & Schuster, 2001.

④ Berlin, Isaiah. *Liberty: Incorporating Four Essays on Liberty.* Cambridge: Oxford University Press, 2002.

伯林的这篇自传体评论写于 1958 年，当时冷战的阴影依然存在，第二次世界大战中的法西斯主义依然历历在目。因此，伯林在这里所说的话完全可以理解，确实值得称赞，我也不想说伯林毫不关心社会的不公正性。然而，必须指出，这些话可以证明，个人主义应该基于自给自足的能力，应在政治领域忽略对不幸的人进行的道德关怀，并因此反对任何财富再分配。在这里，伯林为"指责受害者"的论点提供了一个极好的基础，尽管这肯定不是他的本意，但这是他言论的自然推论。它源于社会学的一种观点，即社会不过是个体成员的总和，那么它怎么可能"迫害"别人呢？如果个人不对他们的行为负责，那谁来负责？

当洛克和他的追随者们坚持具有普遍性的人权之初，自由、自主的个人自我概念并没有太多的反面证据。但是，现在不断增长的财富，不断恶化的分配不公问题，国家之间以及国家内部日益明显的差距，美国在全球范围内建立的自由资本主义政策，都在加剧世界的不公正性，并进一步催生了暴力。我认为，贫困的持续增长不是造成这种暴力的唯一因素，但肯定是一个主要因素。我想要进一步探讨自由概念本身，它对资本主义国家似乎无力解决的许多问题都无能为力。要理解这背后的原因，我们就必须理解当个人自由比社会公正更重要时是怎样的情形。权势者运用政治、法律和道德工具来提升自由概念的地位，社会公正因此难以实现，不公的社会现状无限地复制与传递，民主政府对这一状况并不能做出有效的改变。

这是一个非常有力的主张：公民权利和政治权利不仅不利于减轻贫困，甚至还会阻碍扶贫行动。因此，我们应该更多地谈谈资本主义精神。在这个全球化时代以及当前的美国，它主导着大多数政治和法律思想。在我看来，资本主义精神植根于基础个人主义，它与个人和企业的自由相伴相生。

一些女权主义思想家认为，在美国，将自由和人权概念联系在一起的行为助长了种族主义和性别歧视。例如，凯瑟琳·麦金农和安德里亚·德沃金说过：

> 那些拥有权力的人倾向于称他们的权力为"权利"。当那些被他们支配的人想要平等时，那些当权者会说，如果社会发生变化，一些

重要的权利将会被侵犯……法律保护"权利"，但它主要保护那些当权者的"权利"。①

在解释弗雷德里克·道格拉斯的观点时，辛西娅·威利特指出：

> 西方的自由观念不能为受种族主义困扰的美国提供社会进步的标准。如果没有道格拉斯式叙事中所蕴含的自由概念，我们就无法从理论上找出美国白人和黑人受压迫的根源。②

让我们回到贫困问题。我们必须注意到一个中心观点，即我们越发展、越富裕，就越不愿看到第二代权利成为真正的权利，因为我们的"自由"和自主肯定会变得更少。如果承认第二代权利，我们就需要缴纳更多的税。我们不但会反对福利措施，而且会行使自己的第一代权利，充分表达观点，购买广告位，出资反对支持第二代权利的人，期望美国参议院一直拒绝批准《世界人权宣言》中的社会、经济和文化权利（美国是唯一对其表示拒绝的发达国家）。③美国的联合国前大使珍妮·柯克帕特里克更是直接表明《世界人权宣言》是"给圣诞老人的一封信"，只是空洞的希望。④

如果我们坚持认为道德必须建立在自主个人的概念上，我们将如何说服美国政府中的自由主义者，告诉他们人们拥有工作权、医疗保健权、教育权？我们认为，他们在道德上有义务支持第二代权利相关政策的实现；他们则认为他们也有道德和义务不支持这些政策。显然，只要他们坚持自主、自由和理性个人的立场（作为寻求自己利益的个体），我们就没办法说服他们。当他们提出这些论点时，支持他们的人群有富人、种族主义者以及有性别歧视倾向的人。

与此同时，我们需要注意到，美国司法和立法所致力于保护的第一代权利已经成了推进社会公平正义的阻碍。既得利益者并不想改变现状，并努力使他们自己能够拥有更多。但是，高度的个人主义并不是一个很民主

---

① 参见：Schwartzman, Lisa. "Liberal Rights Theory and Social Inequality: A Feminist Critique." *Hypatia*, 1999:14.2, p.26.
② Willett, Cynthia. *Maternal Ethics and Other Slave Moralities*. London: Routledge, 2013, p. 131.
③ 参见：Chomsky, Noam. *Rogue States*. Boston: South End Press, 2000, p. 112.
④ 参见：Chomsky, Noam. *Rogue States*. Boston: South End Press, 2000, p. 112.

的想法。

来看看著名理论经济学家曼瑟尔·奥尔森的说法：

> 繁荣的市场经济需要能够确保个人安全的机制。储蓄、投资、生产和从事互利贸易的动机特别依赖于个人对市场化财产权的支配。如果无法建立合法、安全的公司，私营经济就不能进一步发展。[①]

乍一看，当提到私有财产时，我们首先想到的是经济，然后才是第二代权利。除了两次禁酒令的颁布和废除，美国宪法的所有 27 项修正案都是程序性的，或者涉及公民权利和政治权利，并且在第二、第三、第四、第五和第十四修正案中明确规定了保存、拥有和保护财产的权利。1972 年，波特·斯图尔特法官说：

> 人身自由权与财产权之间存在着一种基本的相互依存关系，财产权是公民的基本权利，这一点早已为人们所认识。[②]

要弄清楚为什么会这样，我们必须理解，财产权的概念既不涉及物质占有，也不是所有者与物体之间的关系。财产权是就物质而言所有者和其他人的一组关系，基于这种权利，拥有大量财富的人会有更多的"权利"，而通过这种权利购置的物品包括但不限于不动产、物质产品和服务。显而易见，有钱的人比没钱的人可以享有更多的权利。记者利布林曾经指出："只有那些拥有新闻自由的人才能享有新闻自由。"[③]

为了说明奥尔森的推理在实践中是如何发挥作用的，也为了强调第一代的财产和经济权利优先于第二代权利的重要性，我们只需要看看美国公司在过去几十年里搬迁到海外的工厂。在过去的 20 年里，我们已经看到了美国本土钢铁厂、棉纺厂、汽车厂和玩具厂的关闭，一些这样的工厂在关闭时仍在盈利。然而，不仅政府没有采取任何措施来阻止工厂的关闭，而

---

① Olson, Mancur. "Development Depends on Institutions." *College Park International*, April, 1996, p. 2.

② 参见：James W. Ely Jr. *The Guardian of Every Other Right.* Cambridge: Oxford University Press, 1992.

③ 我未能找到这句格言的出处，但在记者利布林的维基百科词条中有对该格言的引用。

且法院也支持企业拒绝向当地城镇和工会出售工厂，以至于当地居民生产和就业的权利无法得到保障。[①] 尽管个人的公民权利和政治权利神圣不可侵犯，但这些有害的行为依然几乎无法得到限制。我不是在简单地谴责公司和联邦政府，而是在概念上进行探讨：如果没有人可以限制个体或公司，那么这些公司只会强调他们自己的公民权利和政治权利，关闭工厂、任其闲置而非出售给他人。但是，如果我们认为工人有权继续工作，他们的退休金计划和健康保险仍然有效，同时应该让公司继续运营，那么这些企业行为、政府的不干涉和法院的支持都会在道德上受到质疑，一个真正像样的民主社会不会允许这种情况的发生。

很多人很难认同这样的观点和思路，因为自主个体出于自利而与他人达成社会契约的行为在很多人眼里是理所当然的。在大选中，有候选人说："我不对你的健康护理负责，如果你得了癌症，我会表示同情，但这是你的问题，并不是我的问题。"[②]

这种根深蒂固的观念也使我们很难听到对第一代权利的任何挑战，这些挑战都是基于对自主的个人的愿景的，而不是含蓄地支持威权主义。我认为，基础个人主义不是替代法西斯主义的唯一哲学思想，如果不惜一切代价地支持根植于自由、理性、利己个体的资本主义意识形态，就会导致利己主义和利他主义之间的二元对立，即个人主义和集体主义的对立。在我看来，这种二分法太过直接，使得我们很难重新思考人类应有的模样，也阻碍了我们对自由和社会正义的思考，我们需要彻底摒弃这种划分思想。为了促进这种摒弃，我将早期儒学作为突破口。本章的重点是论证在当前环境下，个人主义在道德和政治上是行不通的，这种个人主义维持不公的现状，并将竞争视为经济活动的唯一引擎。

如果第一代权利和第二代权利的不兼容性在于基础个人主义，那就意味着自由、享有权利的自主个人应该可以用将来时态回答我们为什么要关

---

① 这种现象发生过多次，比如在俄亥俄州就曾发生过，详见：Cooper, Marc. "A Town Betrayed: The Closing of the British Petroleum Oil Refinery in Lima, Ohio Left the Townspeople Feeling Betrayed (Cover Story)." *Nation*, 1997: 265.2.

② 此话出自史蒂夫·洛根，他曾在2013年作为共和党人竞选参议员，并在竞选中如此说道。此话也常被他的竞争对手科里·布克所提及。

心他人的问题，而难以用过去时态回答这个问题。换句话说，虽然公民权利和政治权利的价值基础显然是自由，但社会权利和经济权利似乎更以正义概念为基础。因此，我们也可以用其他方式来陈述权利的冲突：（个人）自由的概念被用来压制（社会）正义，基于权利的程序正义（而程序正义又基于基础个人主义）胜过基于良善的分配正义。但是，无论我们如何描述这个问题，"人人享有自由和正义"的观念比今天的美国更接近理想状态。

一个与此相关的观点是，当我们思考道德、正义和类似的问题时，我们的脑海中所保留的抽象哲学思想很可能会使我们意识到自主、自由、理性个体自我的许多含义，而这些都具有反社会的性质。在这种状态下，我们当然想要最大限度地实现自由和平等，确保资源的公平分配，要求每个人在与其直接相关的事情上都有发言权，我们也会认真思考如何才能最好地实现这些目标。但是，仅仅沿着这些思路思考，人们难以意识到世上没有理想的国度。我们的生活中都或多或少地存在不平等、不公正、贫穷、暴力等现象，而这些问题在今天都变得更加明显。因此，我们应该追问"如何才能使现有的状态变得更好"，而非"什么是最好的状态"。

然而，在每一个国家里，总有些人比其他人拥有更多的财富和权力，这些人有更多的自由、资源和能力来表达和实现他们的意愿。这些意愿肯定包括对保持特权的期望，因此他们会努力保持和加强现状，会在政治上尽可能多地使用他们的财富和权力，以防止法律发生不利于既得利益的变化。他们还希望为自己的地位寻求道德上的合法性，为避免重新分配国家的财富和权力而争取道德（和法律）上的制高点。因此，在贵族社会中，财富和权力是与生俱来的权利，那些想要改变现状的人必须要求人人平等。如果采用高压政策来控制大众以维持秩序，权势者就会声称，绝不允许人民的敌人阻碍伟大明天的到来（这个明天似乎永远都不会到来）。因此，变革的推动者必须做出道德上的回应，即今天的人与将来的人享有同样的权利，以及同样的资源。

这所有的一切都意味着，如果想要获得足够多的支持者，以便通过投票来改变现状，就需要借助道德和政治概念来赢得支持。但是现在，富人借助他们的一些权力，用《权利法案》向大众不断唤起自由、平等和尊重法律的理念，他们正在把这些理念发挥到极致。这种宣传中的道德的吸引力是如此之强，以至于绝大多数"茶党"支持者的政策也会背离他们自身的利益。许多人从这一令人困惑的现象中得出结论，认为普通美国人相当愚蠢。我的结论是，他们表现出了极大的道德力量，而这种力量正在被铺天盖地的意识形态宣传、卑鄙和具有高度误导性的报道、广告和竞选活动所误导。

那么，如何在道德和法理层面推动积极的改变？为了说明这个问题，我们应该更具体、更详细地梳理个人主义论点，以及一些人声称的道德准则：自由意志主义。我们将在第六章结尾简要回顾一下人权的概念。

第五章

个体自我的神化：自由意志主义

钱能使人自立。

——玛哈莉雅·杰克森[1]

今天的自由意志主义

近几十年来，作为一种道德和政治哲学，自由意志主义的受欢迎程度显著上升，在一些发达国家，一些民选官员对其尤为支持。在本章中，我将对自由意志主义运动展开批判，并将再次以美国为例，因为在美国自由意志主义运动显然是最强大的。但许多欧洲的保守组织中也有相应的一些演绎，例如"民族主义""极端保守主义"或"本土主义"，本章的讨论应该也能引发欧洲读者的兴趣。[2] 鉴于美国在西方世界的影响力，我将会集中讨论美国。

---

[1]　《勇往直前》，1966.

[2]　在我进行本章写作的时候，马琳·拉宾的国民阵线是法国第三大政党；蒂莫·索伊尼的正统芬兰人党在芬兰的选举中赢得了20%的选票，已成为最大的反对党；在荷兰，基尔特·怀尔德是该国第四大自由党的议会领袖；希腊极端民族主义政党"金色黎明"正在崛起。在欧洲的其他国家也有一些规模较小但不断壮大的政党，自由意志主义意识形态也在不断发展，这背后的因素是多方面的。福利国家对发展中国家的弱势群体来说是一个相当大的诱惑，欧洲国家以及美国也因移民问题而产生了很多困扰，阻止移民的方式是消除诱惑。这是法国勒庞和荷兰怀尔德等领导对本土主义政党的共识。而芬兰的情况并非如此，芬兰的少数民族数量很少。在上一次大选（2011年4月）时，我和妻子在赫尔辛基，芬兰候选人的竞选主题是反欧盟。他说："为什么勤劳的芬兰人要为西班牙的银行买单？因为西班牙银行在向无力偿还贷款的农民发放愚蠢的住房贷款。"令芬兰学术界大为惊讶的是，这样的演讲在芬兰的许多地方引起了共鸣，甚至是在赫尔辛基。希腊"金色黎明"党如今在议会中占有席位，他们也强烈反对欧盟。欧盟要求希腊采取紧缩措施，以换取新的贷款，这使希腊工人经济窘迫，希腊人也对此感到不满。

有许多因素导致了这一现象。美国独立战争结束后，美国脱离英国殖民统治而独立。在美国独立后召开的制宪会议上，一个重要议题就是不能让联邦政府过于强大。由于美国的许多福利接受者是少数族裔（欧洲移民也是少数族裔），因此，自由意志主义和民族主义一样，为一些种族主义者提供了道德和政治上的掩护。任何重大的移民改革问题在美国都是不可能完成的，移民问题的道德色彩比经济、政治色彩更明显。

美国自由意志主义的兴起还来自人们对政府与日俱增的反感，因为政府似乎对大众的关切越来越漠视，越来越受制于大公司，或没有合格的治理能力。自由意志主义几乎总是被视为政治谱系中的极右势力。自由意志主义的右翼和极端个人主义是本章的重点，然而，我们必须小心，不要过度简化了自由意志主义的整体立场。它的一些政治主张可以靠近左翼（十分接近左翼无政府主义），而其他内容显然位于极端保守主义的方向。在一些问题上，自由意志主义则处在左右之间。

背 景

将个人主义至上的自由主义者（和无政府主义者）与自由主义至上的社会主义者（和无政府主义者）区分开来是简要描述这场运动的最好方式。[①]对二者来说，自由都是一个核心概念，但前者主要关注的是让政府不要干涉人民，并让人民能拥有最大化的自由；而后者则倾向于相信，政府的治理基于精英统治之上，阻碍了人们联合起来以自我管理的方式管理自己的事务。但即使这样，想要划清意识形态的界限也是非常困难的。例如，19世纪著名的个人主义者、自由意志主义者和无政府主义者莱桑德·斯波纳虽然是个人主义的核心人物，但他也是美国劳工运动起步阶段的代表，他和威廉·劳埃德·加里森、温德尔·菲力普斯一起，是废奴运动中强有力的领导人

---

① 许多自由意志主义者同情无政府主义，但他们更关注财产安全问题，因此他们认为政府不应被完全废除，而应扮演一个夜间警卫的角色，来保护人们的财产。罗伯特·诺齐克在他的《无政府主义、国家和乌托邦》一书中对这个主题有详细的论述。

物。[1] 拉尔夫·沃尔多·爱默生也是一个彻底的个人主义者，《自立》可能是他最著名的文章，但他不是一个自由意志主义者（或无政府主义者）。[2] 在同一时期，社群主义在美国也颇具市场，其中一些是独特的自由主义社会主义者，而乌托邦主义在19世纪大量涌现，一些宗教也得到了相应的发展。这一时期的例证包括印第安纳的罗伯特·欧文的新和谐公社[3]，以及爱荷华和纽约奥奈达的阿马纳[4]。

所有的自由主义者似乎都同意自有原则，认为人们对合法占有的东西享有所有权。个人主义者认为，无主资源由声称占有者占有，或由将资源加工转化后使其成为可卖商品的人占有。自由意志主义者坚持认为，无主资源属于整个社会，因此必须对其进行征用和补偿。这两个群体都反对政府干涉私人事务，并反对美国在海外的军事存在，左翼和右翼自由意志主义者之间的分歧在于怎样权衡实体正义与程序正义。

然而，在今天的美国，自由意志主义者日渐式微。个人向国家争取自由，这是赋予"茶党"团体及其政治代表的政治修辞。在美国贫富差距日益扩大的同时，奇怪的是对自由主义思想的持续批评相对较少，尤其是在政治和道德领域也少有反思。约翰·肯尼斯·加尔布雷斯提出了类似观点，他说："现代保守派从事的是道德哲学中最古老的实践，即为自私寻找更好的道德理由。"最近，一位颇受欢迎的自由主义批评家将其描述为"一种臭名昭著的自私哲学"[5]。

但把自由意志主义斥为幼稚思想的行为也是不正确的。对其基本论点进行一番仔细梳理后发现，从逻辑上讲，自由意志主义的体系有其自洽性。自由意志主义与经济学交织在一起，是对资本主义基础假设的逻辑延伸。

---

[1] 对斯波纳思想和作品的梳理可参见：Shone, Steve and Tyiandei Gnounei. *Lysander Spooner: American Anarchist.* Lanham: Lexington Books, 2010.

[2] 爱默生关于"自力"的注释可参见：Mikics, David (editor). *The Annotated Emerson.* Cambridge, MA: Harvard University Press, 2012.

[3] 欧文的主要作品是《新社会观》。1999年出版的《印第安纳历史杂志》致力于"新的和谐"试验史。

[4] 这些在以下作品中多有论述：Hayden, Delores. *Seven American Utopias: Architecture of Communitarian Socialism, 1790—1975.* Cambridge, MA: MIT Press, 1979.

[5] 加尔布雷斯的引用源于Brainy Quotes网站。

我们已讨论过这些假设，尤其是自由的至高重要性。自由意志主义认为，为了享有自由，人类不能从本质上被视为群体的成员，因为这样就意味着自由受限；人类必须被视为个体的存在。当然，人类与他人互动、相互影响并受他人影响，但如果需要对人类进行分析，则需要将他们视为不受阻碍的个体，人类能够完全控制自己。

我们还考虑了自由意志主义的其他基础假设，即人类本质上不仅是自由的个体，还是理性的个体，有能力克制本能，并能做出选择，这些假设是人类自主性的必要前提。

读者可能会说："这些基础假设绝不是自由意志者仅有的内容。我以为你在说，所有的自由主义者、古典主义者，以及绝大多数的保守主义者，更不用说无政府主义者，都认同'人类是自由的、理性的、自主的个体'的定义。这些假设几乎渗透到了美国文化的各个组成部分。"

这种看法是对的，这些基本假设对于人类行为的描述、分析和评价似乎是必要的，几乎每一位现代道德哲学家和政治理论家都涉及这些基本假设。康德道德哲学就是以理性的个体而开始和结束的，在康德哲学中，理性的个体有理由相信自己是自由的，杰里米·边沁和约翰·斯图亚特·密尔对理性个体的认识也与此相似。在霍布斯式的自然状态中，理性个体将他们的部分自由交给君主，而他的后代则在罗尔斯的无知面纱后重新思考同样的问题。

自主、自由、理性的个体概念也同样奠定了法律制度基础的架构。如果我杀了人，除非我疯了（不理智），或者被强迫受限（不自由），我就要对此负责。同样的现象也存在于我们的社会习俗中。独立自主的个体拥有价值和尊严，因为他们可以选择自己负责的目标。我将因为我的英雄事迹而受到赞扬，但如果这是我妻子做的，我就不会受到赞扬；如果我没有意识到我做了，或者如果我被告知不做就会被杀，我也同样不会因为英雄事迹而受到褒奖。关于自由主义，我重点关注的是其自由、理性个体概念的逻辑局限，因为我们都或多或少地带着自由主义的思路去审视人类，所以我们应该对此进行反思。

尽管我们可能不喜欢自由意志主义，但它不会像很多人想象的那么容易被摒弃。当然，因为它仍有对社会的作用和功能，也不应该被彻底摒弃。

在如今的美国，自由主义维持着可耻的不平等，每4个孩子中就有1个在贫困中长大，最富有的10%的人口控制了80%的国家财富。[①] 我认为，只有对自由意志主义进行更深入的分析，我们才会发现理性、自主个体如何妨碍了社会公正的实现，而民主只是一块遮羞布。在基础个人主义之下，任何争论都不能通过重新架构价值次序来实现公平正义，所有争论最终只会变成"我喜欢"与"你喜欢"的分歧。到目前为止，我阅读的从个人主义意识形态角度出发来反驳自由主义的论述中，没有一种令人印象深刻。在我看来，如果要否定自由意志主义者对道德制高点的占有，就必须以一种非个人主义的方式去反驳它，我们也许可以借助来自儒家角色人等多元智慧的概念来实现这个目标。

现　状

让我详细阐述一下个人自由和社会正义之间的紧张关系，以进一步反思自由意志主义的基本立场。严重的不平等撕裂着美国的社会和道德结构，这也有过先例。随着资本主义的发展和壮大，在历史上的多数时间里，美国面临多数人贫穷和少数人富裕的问题，因此多数人深受折磨。然而，在过去，当自然的果实还在等待采摘的时候，以社会正义为名的财富再分配方案通常会被否定，人们认为可以通过提高生产力来减轻贫困，而不能限制富人的个人自由和财产权利：随着经济蛋糕越做越大，每个人都能分到更大的一块，社会不公问题就被束之高阁了。

美国的历史并不能让人对以上观点表示乐观，但人们又会认为"保姆国家"干扰了自由市场，从而抑制了生产力的发展，也不利于减贫：精简管制、自由市场、平衡预算将会推动国家繁荣。这一并不完全合理的观点得到了不少经济学者近两百年的认同。

直到现在，美国太多的紫翠山峦不再雄伟壮丽，很多富饶的平原已经或正在迅速变成不毛之地，我们的气候条件正在恶化，空气质量也不尽如

---

① 令人惊讶甚至极其惊愕的数据是：最富有的85个人拥有比50%的世界人口更多的财产，这个数据还未受到任何怀疑。数据来源：乐施会2014年1月简讯。

人意，海平面的上升正威胁着沿海领土。总的来说，地球，尤其是美国，已经不能再承受过去 150 多年的过度开发了，而世界人口总数甚至还在增长。

如果这个观点是正确的，那么社会正义似乎只能通过财富再分配措施来实现。如果经济蛋糕不能再以过度开发地球为代价来实现增长，那么现存和未来的蛋糕就必须以不同的方式进行分配，而这只能以牺牲当前的富裕阶层为代价。这会削弱他们的个人自由：他们必须拿出更多的钱，来帮助那些不幸的人，为了实现财富的进一步增长，他们就必须接受更多的管制，他们就会更不自由。这在道德上似乎是有问题的：仅仅因为某些人的资产比其他人多，就限制他们的资产，这是什么道理？因此，自由意志主义者（不仅仅包括富裕阶层）可以继续捍卫自己的立场，捍卫个人自由和自主权的立场，捍卫程序正义，反对减贫和增加管制的立法。政治哲学家蒂博尔·马坎说过：

> 在古典的、自由的、自由意志主义的政治体制下，基于自然的、个人的权利构成，自由的资本主义经济体制将占上风。贫困的人无法依靠法律获得扶助。这能否构成让人们改变这一制度的理由？答案是否定的。这并不能让人们决定放弃自由主义，而支持福利国家以及其他选择。[1]

马坎的观点没有挑战保护自由自主个人财产权的法律制度，这并不令人惊讶。但社会正义的捍卫者也颂扬个人的自由和自主，两者都是纯粹的良善。只要自由派、保守派和社会主义者与自由意志主义立场有着共同的基础，他们对自由、自主个体的反对就肯定会缺乏说服力。我们当前的问题或许不应被视为政治问题，而应被视为对个人主义的道德（和精神）取向的反思，需要每个人从根本上重新思考。我认为，对人的定义在很大程度上决定了我将接受什么样的道德观，更重要的是，它会影响我的道德直觉的发展，而这些直觉对我最终接受的道德观有很大作用。

---

[1] Machan, Tibor (editor). *Morality and Social Justice: Point/Counterpoint.* Lanham: Rowman & Littlefield, 1995, p. 60.

自由意志主义的论点

为了更清楚地理解这一点，让我们更详细地研究一下自由意志主义者的基本论点。如果我们相信，作为个人，我们不需要兄弟姐妹的帮助，就能过好自己的生活，那我们为什么要帮助他们？如果我们能照顾好自己，为什么他们不能？富裕阶层也可以用类似的论证来将他们对穷人的漠视合理化。他们不会说自己贪婪、自私、无情、带有种族歧视，虽然他们中的许多人乍一看似乎确实有这些不好的品质。相反，他们会说，他们是在遵循原则行事，尤其是个人固有的自由原则，即只要他们尊重其他个人，认为其他个人也有同样的自由，他们就可以按照自己的意愿行事。因此，这些人只是坚持不受干涉的权利，并按他们认为适当的方式处置他们的资源，这些是最基本的社会契约。

自由意志主义可以将其道德论点延伸至经济。他们中的大多数人声称，从长远来看，如果个人（和企业）在各领域的自由得到保障，让自由市场来保障公平分配，那么绝大多数人的生活境遇可以变得更好。在完成这个崇高目标的过程中，我们不需要看得见的手。

换句话说，我们可能会怀疑，华尔街经纪人，银行家，石油、制造业和媒体巨头以及其他富人很少希望被视为道德怪兽，因此他们提出了道德、政治和经济论点。安·兰德、亚当·斯密、罗伯特·诺齐克、以赛亚·伯林、米尔顿·弗里德曼、路德维希·冯·米塞斯、弗里德里希·哈耶克，以及其他许多重要思想家[1] 都在帮助他们摆脱道德困境。在这一点上，这些思想家中有许多是经济学家，而不是哲学家或政治理论家，这无关紧要，因为经济

---

[1] 这些思想家已经在过去多年中卖出了大量著作。比如艾茵·兰德的《阿特拉斯耸耸肩》和《源泉》；亚当·斯密《国富论》的各种版本；罗伯特·诺齐克的《无政府主义、国家和乌托邦》；以赛亚·伯林的《论自由的四篇论文》。还可参见：Hayek, Friedrich. *The Road to Serfdom.* Chicago: University of Chicago Press, 2010; Hayek, Friedrich. *Individualism and Economic Order.* Chicago: University of Chicago Press, 2012; von Mises, Ludwig. *Human Action.* Indianapolis: The Liberty Fund, 2007; von Mises, Ludwig. *Socialism: Economic and Sociological Analysis.* Indianapolis: Liberty Fund, 1986; Friedman, Milton and Rose Friedman. *Capitalism and Freedom.* Chicago: University of Chicago Press, 2002; Friedman, Milton. *Free to Choose.* Wilmington: Mariner Books, 1990; Friedman, Milton. *Why Government Is the Problem.* Stanford: Hoover Institution Press, 1993.

驱动着当今社会的政治和文化发展，从而也推动着其规范和价值观的塑造。当然，哲学家们也参与了其中：伊曼努尔·康德和约翰·斯图亚特·密尔充分地说明了自由是一种纯粹的良善。[①]

根据自由意志主义的观点，我现在要对自己负责，也要对那些与我自由订立互利合同的人负责，因此，我将找到自己的工作，获得自己的医疗保险，制订自己的养老金计划，在我负担得起的时候买房子，并承担教育我孩子的责任。我知道每个人都在追求自己的利益，我也会积极参与选举，在这个过程中竞争比在自由市场中要不激烈一些。在这些方面，每个人都应该这样做。如果不幸降临到我身上，我将默默忍受，不会向任何人乞求施舍，尤其是政府。我一点也不关心各种私人行为，更不喜欢那些有自己事业的保守派来强迫我纳税以抵抗外来侵略。我没有从父母那里得到任何遗产，但我希望我能把财富留给我的孩子。请注意，对于每一次的肯定，我都可以形成指导行动的格言，让它成为具有普遍性的法则，我也认真思考过康德哲学。

此外，如前所述，近两个世纪中大量的主流经济思想也证明了这一观点，即自由市场以及自利的自由人可以使得整个世界更加繁荣。[②]那些不成功的人只能怪罪自己，这就是个人责任的概念。因此，个人（和企业）的自由和自利将为社会带来最大的效用，当然，这表明我也很重视边沁和密尔的功利主义。

自由意志主义者在这里陈述的观点，不管我们喜欢与否，都是一种非常强大的力量。如果我们不认为我们有消除贫困的义务，自由意志主义者就会说他对穷人的困境没有责任，因此也就没有减轻贫困的道德或政治责任。自由意志主义者会说："我对慈善事业慷慨解囊，但这是我的事，别人无权决定我该捐多少，该给谁，何时捐。"

我们可能会对自由意志主义的解释提出反对意见，但不应期望其中任

---

① 在关于异化的论述上，马克思对工厂恶劣的工作环境和消磨人的意志十分愤怒。这些作品被称作早期马克思著作，也被称为"巴黎手稿"或"1844手稿"。这些作品被翻译成英文至今才不过一个世纪，由艾瑞克·弗洛姆首次译介，参见：Fromm, Erich. *Marx's Concept of Man*. New York: Frederick Unger, 1966.

② 见第四章。

何一种观点会有很大的价值，因为自由意志主义者的观点建立在自由的概念和不受阻碍的自主、理性的个人基础之上。他们还从社会科学的大量理论工作中得到了支持，尤其是在经济学领域，90% 的经济学家在过去两个世纪中是资本主义的坚定拥护者。[①] 理性选择理论假设人类是自由、自利、追求利益最大化的，可以排除情绪干扰并做出理性选择：如果一个人乐于助人，这很好；如果一个人偏好自利，那么零和竞争也是自然而然的。而且，在理性选择理论中，所有的考虑因素都有一层潜在含义，这对任何声称理性选择是一种客观行为的说法都是一种嘲讽："为了实现偏好最大化而追求财富。"[②]

总之，我相信只要我们继续认为人是自由、理性、自主的个体，并将它奉为圭臬，我们就永远无法将银行家、经纪商和其他富人赶下道德高地，也不能控制他们在政治舞台上的主导地位。虽然我们可能不喜欢它，或者认为许多自由意志主义者也是种族主义者，但他们的行为似乎也满足了所有可接受的道德准则。如果每个人都高度重视自由和自主，那么我看不出有什么论据能有效地反对自由意志主义者。我们这是以牺牲社会公正来换取自由。

在道德和政治层面上挑战自由意志主义者的目标是可能实现的，但在我看来，如果一个人将基础个人主义视为道德前提，那么这种挑战就是不可能的。角色人可能对此形成挑战，可能还有其他一些可接受的道德准则，但他们也不需要独立的个体自我。也许一些个人主义的哲学家确实可以维护自由意志主义的立场，但我现在还不确定。与此同时，我将继续坚持认为，就自由、理性、自主的个体自我的概念而言，无论它曾经派上多大的用场，它现在就是一种有害的宣传，它支持着当前的权势者，也维持着不公的现状。

---

① 《21世纪资本论》一书由负有盛名的经济学家撰写，将会打破这样一个迷思：蛋糕继续扩大，每个人都可以得到一个更大的蛋糕。这将削弱（不是否定）自由意志主义者的道德主张，是一部对社会有益的作品。参见：Piketty, Thomas. *Capital in the Twenty-First Century.* Translated by Arthur Goldhammer. Cambridge, MA: Harvard University Press, 2014.

② McCumber, John. "The Failure of Rational Choice Philosophy." *The Stone-New York Times Opinionator Page*, June19, 2011.

以个人主义为基础的现代道德和政治理论将自由的概念与资本主义联系起来，而资本主义是随着工业时代的到来而呈指数增长的，这一变化与启蒙运动几乎在同一时间内发生，这并不是巧合。这种理论成为一种意识形态，变得更有说服力，这种意识形态认为，在资本主义社会内，自由、理性、自主的个体自我是唯一的选择。

反乌托邦式的集体主义被认为是个人主义意识形态的唯一替代品，我们不知道还能到哪里寻找可行的策略，去推动社会进步和应对21世纪的问题。但对所有形式的个人主义的挑战并不意味着对任何已知集体主义的接受，个人主义/集体主义并不比自私/利他主义在道德领域的分裂更加棘手。它们都扎根于资本主义经济学核心的个人主义意识形态中，我们很难在思维层面摒弃它们。两者都是现代西方的哲思，虽然过去它们可能有用，但时过境迁，现在是时候用一些新的（或非常古老的）方式来思考我们是谁、作为一个人是什么样的、一个真正的人类社会可能是什么样的了。一旦根深蒂固的自由、理性、自私自利的根基开始动摇，我们就可以用一种十分不同的方式来畅想人类的未来社会，并为人类的未来发展寻找到一条十分不同的道路。

第六章

向角色伦理方向发展

任何我能为人类做的善事，让我现在就做，因为我不会再来这里。

——史蒂芬·葛瑞利特①

孔子会说什么？

21 世纪越来越不利于人类繁荣，除了少数富人。从古代中国寻求谋略，以重构 21 世纪的人格和社会，乍一看不太现实，然而，尽管与我们处于地球两边，相隔 20 多个世纪，但孔子面临的问题与我们是相似的：与今天我们所处的世界一样，他的世界也被与日俱增的战争、独裁、贫穷、不平等、不合理、恶化的环境所困扰。生活在中国古代，他不可能考虑使用复杂的技术来解决这些问题，所以不得不聚焦于信仰、动机、态度、情感、相关的人类活动及其可能产生的影响。他相信这是时代问题的根源。我们在这方面并无什么长进，因为我不相信有技术魔力可以消除极权主义、不平等或贫穷，以及解决今天的全球变暖和能源生产问题。我们已生产足够的粮食，可以喂饱 70 亿人口，并且我们有先进的交通手段，可以在很短的时间内把食物运到地球的任何地方，但是还有几百万每天晚上忍着饥饿入睡的儿童。每天有很多人死去，医学技术本来可以救活他们，但他们付不起医疗费。我们知道应该节约能源，但大多数人的能源消费更多了。即使最大化地使用所有可替代性能源，但在全球范围内，需求将会永远超过供给，

---

① 史蒂芬·葛瑞利特发表于1892年。

人们似乎对此已经达成了共识。①

常言道："生活中最好的物什不是物什。""不要只为了面包。"然而，挥霍无度和生活麻木的物质主义日益渗透到人们的生活中，尤其是在发达国家。更糟糕的是，一旦停止过度消费，整个世界经济就可能突然崩溃。越来越多的人被迫做自己不喜欢或不满意的工作，以购买他们并不需要最终也可能不会令他们满意的东西，而一直在破坏星球。这是人类的问题，只有改变人类的信仰和态度，改变行为模式，并采取坚定的行动，问题才能得到解决。

同时，孔子值得我们研究的另一个原因（在许多原因中）是，他并非通过追寻"生命的意义是什么"这个古老的问题来解决人类生存问题，因为他从未问过这个问题。他没有提出这个问题，这个问题没有任何意义，孔子也没有这样的想法（我们将会在第九章中回到这个主题）；相反，他培养自己的学生在生活中发现意义的能力。在这个生活中——仅仅是我们了解的生活；在这个世界中——仅仅是我们了解的世界。

他长于此道。从遵循孔子思想的人数来看，孔子无疑是历史上最有影响的哲学家之一（即使许多人不能阅读体现其思想的文本）。他的方法涉及一点点形而上学，但完全不涉及神学，因此不包含任何有违当代科学的观点。我们可以质疑，但同时也可以欣赏他看待事物以及处世的方式，并欣赏其中的人。

需要注意的是，"儒学"是一个容易令人误解的词，因为它暗示孔子创立了一个哲学体系。但他一定没有这样看自己，而只是把自己看作一位富有奉献精神的教师，这一点可以从《论语》中几处自传性的评语中看出来。②可能把孔子比喻为两千多年来中国文人的"守护神"更好一些。

英文中，孔子的名字后面加上了"主义"（-ism），这显然具有哲学性，

---

① 美国海军核工程师罗伯特·基伦斯基和迈克尔·亚美尼亚在一次讲座中发表了令人惊讶（至少对我来说如此）的声明。这个讲座由罗得岛州纽波特钱宁纪念教堂赞助，题目是"关于钍反应堆的需要"。他们的邮箱地址是：mrower@msn.com和marmenia2@cox.net。其他数据来源包括：《联合国人类发展年度报告》《美国友人服务委员会》和《科学家相关人士联合会报告》。

② 《论语》"述而第七"中的第二章、第七章和第八章是三个例子。

这种哲学性关注内在性多于超绝性，这种哲学具有伦理、美学和社会政治属性。孔子及其追随者遗留下来的商朝和周朝早期仪式最初始于超自然信仰，人们接受这些信仰，但是在他生活的时代，受教育者们没有对这些信仰进行过讨论或辩论。比如，根据《论语》记录，当学生问孔子在祭奠仪式上祖先的灵魂是否存在时，他回答道："未能事人，焉能事鬼？"（11.12）

换句话说，孔子清楚地看到在充满怀疑的时代，那些与过去丰富的文化相关的礼仪的重要性，这些不能丢失，无论其最初的灵感是什么。因此，他把精力用于保护那些互相连接的文化，并把它们置于与时代相符的社会和人类语境中。早期的"儒"一直关注传统、习俗、仪式和礼仪，是中国遗产的保护者和传播者。正因为如此，自古典时期以来，称一个人为儒家追随者就意味着他是文人阶层的典型成员。

总之，儒学在中国思想、文化和日常生活中扮演了特殊的角色，认识到这一点很重要。作为一种哲学，儒学是过去两千多年大部分时间里中国文人的主流信仰体系。政府官员从当时不同级别的文人中选拔出来，所以儒学既是官方意识形态，也是重要的中国智慧力量，除了因其"官方"地位而引发的政治问题，基本上没有受到过挑战。更重要的是，因为"儒"重视传统，包括仪式、家庭责任和祖先崇拜等，所以传统上普通中国人的生活体现了古典主义者的意识形态，他们都是儒家思想的追随者，尽管他们不熟悉一手的哲学或传统文本。孔子不仅仅是许多思想家中的一位，他对早期中国遗产的保护和提升更使他被视为中国文明的象征。因此，他甚至受到持有不同观点的人的尊重，以及那些无法读懂儒家思想著作的普通人的尊重。孔子的精神充分体现在儒家哲学家的言论和行为中，并且完全渗透到整个中国文化结构中。

所有这些并不意味着只要遵从"儒"，传统中国的生活就会充满诗意，显然并非如此。我们会更仔细地继续思考儒家思想和儒家社会的关系。更重要的是，儒家思想有几个方面需要调整，它要切合当代世界的道德、政治和精神，这将是我对角色人的解释、分析和评估的重要部分。我面向当代世界来解释儒家思想，不知道孔子是否高兴，但我确信这样做完全符合儒家传统。在最初受到道家、墨家、法家和其他中国早期思想学派挑战时，儒家传统就已进行了调整。后来，面对种种非难和抨击，儒家教育和实践适应变化并在国内外得到恢复，重新获得了其地位和影响力，这表明并非只有古代的人们才对此感兴趣，或者，只有中国人才对此感兴趣。

中文文本和语境

我要讨论的思想来自儒家经典文本，这些文本大约撰写并成形于公元前 5 世纪至公元前 2 世纪:《论语》，这是我们的主要关注点。《孟子》，此书与作者同名。孟子后来被奉为儒家亚圣，其生活时间大约在公元前 390—公元前 310 年。另一个重要人物是大约生活在公元前 312—公元前 220 年的荀子，其著作与其同名，是我要讨论的另外一个文本。最后是《礼记》。[①] 这四本著作的观点不尽相同，互相之间会有冲突。而且，每本书都有许多意义非常模糊的地方，所以读这些书常常是创造性活动。

与取得权威地位的其他早期文本诸如《易经》《诗经》和《史记》[②] 一起，这些著作体现了统一连贯的关于良好社会和人类美好生活的思想。这个美好生活是世俗化和社会化的，理解和欣赏这种生活的关键是认识到儒家思想的社会性具有美学、政治和精神特性，这不亚于它的道德性。如果想要过上完美的人类生活，则我们必须学会把这些维度融合起来。

融合不同维度是十分必要的。根据儒家的角色人观点，有时很难按照

---

① 这里使用的文本有：Ames, Roger T. and Henry Rosemont Jr. (translators). The Analects of Confucius: *A Philosophical Translation*. New York: Ballantine Books, 1998; Lau, D. C. (translator). *Mencius*. London: Penguin, 1970; Watson, Burton (translator). Hsun Tzu: *Basic Writings*. Columbia: Columbia University Press; Legge, James (translator). *Li Ji:The Book of Rites*. Edited by Ch'u and Winberg Chai. New Hyde Park: University Books, 1967. 我偶尔会修改以上一些译文，包括我自己的。

② 我使用的经典作品的译本主要包括：Wilhelm, Richard and Cary F. Baynes. (translators). *The I Ching, or Book of Changes*. Princeton: Princeton University Press，1962; Waley, Arthur. *The Odes*. New York: Grove Press, 1960; Legge, James. *The Book of History or Documents*. Shanghai: Kelly & Walsh, 1895; Rosemont, Henry Jr. and Roger T. Ames (translantors). *The Chinese Classic of Family Reverence: A Philosophical Translation of the Xiaojing*. Honolulu: University of Hawai'i Press, 2009. 从我引用的以上译本中，细心的读者会发现我使用的文本都有两千年以上的历史，包括汉朝以及更早的时期。我总是关注经典儒学家的原因有几个，但主要原因是后来的儒学家受一千多年来的佛教和道教思想的影响，他们的人类观更接近于个体的自我，而不是我在本书中倡导的角色人。

伦理这个维度来描述人类生活，而若不考虑政治和精神维度，融合思考又很难保持一个狭窄的分析焦点。作为借口，我只能说，舍去一个语境里的主题而捡起其他主题一定会产生另外一个相关的语境。细心的读者会注意到，我经常会在叙述中提到前后章节。与此相关的是，我希望读者们能理解我，记得这些哲学类别——伦理、政治、美学等都属于西方，与自由、自主个体的人类观有关，而不关乎相关联的、互动的个体。因此，哲学若非我们的唯一关注点，则是核心关注点。

但是，读者如果认为我想要提供一个关系型自我的儒家观点，以与西方的个体自我概念形成对比，那么便是误解了我的描述方式，因为我想要描述和分析的是另外一种人类观。根据我的解读，对于追随者来说，只存在相互关联的人，不存在个体的自我。因此，我不会考虑另外一种关于儒家自我的观点，我希望表达和捍卫的立场没有另外一种观点，因此无法比较，无法与西方的概念模式形成对比。在人类概念中确实有比较和对比，但儒家思想和西方的哲学概念大有不同，这不仅仅是语义的问题。比如，如果人们想到个体的自我，那么许多关于角色人行为的描述很容易被读者理解成利他主义，也就是说，是无私的行为。但是，对于角色人来说，他们采取的是履行自我的方式，而不是摒弃自我。①

儒家坚持认为，人类的美好生活并不完全是一个目标——用来取得并且维持的东西——而是人类生活的方式，即"人道"。这使得描述融合且有活力的儒家思想变得更加复杂。另外，儒家思想认为，我们在不断地变化，所以，我们应该被看作"成人"，而不是"人类"，就像安乐哲和我在其他著作中提到过的一样。② 这在某种程度上很像梭罗，关乎我们如何并为什么要从容地、好好地过日子。③ 然而，"人道"不是单数。我们中的每一位都很独特，因此，我们每个人都必须与同伴一起，根据自己的能力和素质，走自己的生活道路，这就把我们与别人的互动和与同样独特的角色人的互动

① 从一开始，如果将角色人的行为理解为利他或无私行为，就是在质疑中国人，我要代表他们声称：他们并不摒弃自我。
② 比如《早期儒学家有道德吗？》。
③ "从容地生活"来自《瓦尔登湖》。参见：van Doren Stern, Philip. *The Annotated Walden*. New York: Clarkson Potter Books, 1970, p.222.

区别开来了。更重要的是，我们的道路不是习得的，而是跟随着我们一生。当我们成熟时，我们有更多的高超技能，扮演新的角色，并承担相应的责任。孔子曾说："人能弘道，非道弘人。"（15.29）

如前所述，这些早期文本没有谈及生命意义的问题，但是描绘了一个远景，提出了一系列原则，每个人都可以从中发现生命的意义。当我们追求完整人性的实现时，这个意义将会变得越来越清晰。经过努力，我们可以达到一个阶段，用中文说就是"君子"（作为榜样的人），还可以达到一个更高阶段，接近发展的顶端，那就是"圣人"或者"圣贤"。对于儒家追随者来说，我们一生中只能通过与他人的不断主动互动才能达到这个境界。安乐哲非常好地概述了孔子的远见。

对于孔子和世世代代追随他的中国人来说，人性的基本单位是在这个特定家庭里的特定的人，而不是单独的、互不相关的个体，或者抽象的、普通的家庭概念。事实上，在阅读孔子的经典文本时，我们没有看到代表我们真正是谁的一些核心的人物，尤其是到了现在，当特定的家庭和社区层次关系被剥离开时。生活的目标是通过适当的行为，获得和谐，收获自我的快乐，也收获别人的快乐。这决定了我们真正是谁。①

角色人

对儒家追随者来说，强调我们的社会，也就意味着强调我们的关系：我不是一个抽象的个体，就像安乐哲所强调的，而是一个具体的儿子、丈夫、父亲、教师、学生、同事、邻居、朋友等等。在所有这些关系中，我是谁在很大程度上取决于与我互动的人，即与我有种种联系的非常具体的人，他们也不是抽象的自主的个体。对儒家追随者来说，当所有的角色具体化时，它们之间的关系就清楚了，那么，我们就完全个体化了，成为一个个完整的个体。因为我完整地践行了角色赋予我的使命，所以，当我长大后，我的角色也会随之变化，其结果是我成了一个不一样的人。婚姻改变了我，

---

① Ames, Roger T. *Confucian Role Ethics: A Vocabulary.* Hong Kong: The Chinese University of Hong Kong Press, 2011, p.122.

为人父以及后来为人祖父也一样。在女儿小的时候和成为青少年时，我与她们的互动模式是有差异的，现在她们自己为人母了，我与她们的互动又不一样了。① 离婚或者丧偶会再次改变我。在整个过程中，我不仅改变了，与我有关联的人也见证了我的变化。当然，他们也总是在变化，因为我们相互改变。我作为学生的角色永远不会消失，但当我的正式学习结束后，当我成为教授后，我作为学生的角色就消失了。以前的学生变成了年轻的朋友，年轻的朋友变成了老朋友，这些都对我的身份认同产生了影响。当珍惜的老朋友因去世而减少时，更是如此，我又会不一样。

但是，从这个角度出发对我们的个人行为的描写与本我格格不入，我们一直以来都更适应从本我的角度思考和感知我们真正是谁，什么是我们生活中永恒不变的东西。让我们重申我在第三章中提到的观点："身份危机"的观念是很普遍的，特别是在大学校园里，通常会在二年级时出现。"我是谁？"简·斯普林（Jane Spring）问。孔子可能会回答："你是简·斯普林，很显然你就是斯普林夫妇的女儿。从门上的名字可以看到，你是苏珊·莎默（Susan Summer）的室友；从你桌上的一些书中可以看出，你在上法尔（Fall）教授和温特（Winter）教授的课。"简打断了他的话："我不是这个意思。我想知道真正的我，排除了其他人的我。"对此，孔子只能说："怪不得这些叫'危机'，你把可以回答问题的东西都扔掉了。"

根据孔子的观点，寻找本我必须像追逐愿望一样，因为我们基本上由我们扮演的角色所构成。② 与父母说话，然后与朋友说话，我们的声调甚至都会发生变化。我们与心上人在一起时的行为举止和与年轻的兄弟姐妹在一起的行为举止会一样吗？我们面对邻居时的表情与面对陌生人时的表情会一样吗？我相信，几乎所有人都会回答"不一样"。那么，从一个重要的意义上说，我们可以开始理解，我们"真正是"谁随着我们与谁在一起、什

---

① 当然，作为母亲的角色也很大地改变了她们，对几乎所有女性来说都一样，包括女性哲学家。有人写道：1994年6月，在我写作时，我刚当了6个月母亲……但是，我的一切经历都在变化，无论是形而上的，还是伦理以及认识论上的。现在，一个人类生命似乎价值无限。一个人的伤害似乎是脆弱、无限延伸的人际网中的一滴泪水。

② Kaplan, Laura Duhan. *Family Pictures: A Philosopher Explores the Familiar*. Chicago & La Salle: Open Court Publishing Company, 1998, p.73.

么时候、在什么情况下出现变化而变化。他们也一样。我们每个人都具有独特但总是变化的身份。

从这个动态的视角来看，我们确实在不断地变化，没有始终如一的本我——尽管记忆使我们有延续感——然而人的完美性目标是不可能的，因为没有任何完美的持久的东西。早期儒学的"仁道"目标没有实现，正如我以前提到过的，它起到了主导作用。我们的一生必须力争以勤奋扩大此道，正如孔子的主要学生之一曾子在《论语》中所说的：

> 曾子曰："士不可以不弘毅，任重而道远。仁以为己任，不亦重乎？死而后已，不亦远乎？"（8.7）

虽然这个早期儒学的人类观与当今西方哲学、法律和政治思维中以抽象的自主个体和理性、自由、自我利益为核心的道德分析和政治理论大相径庭，但我希望我们不要认为儒家与我们毫不相干。比如，为了当好朋友、邻居或者爱人，我必须有一个朋友、邻居和爱人。在实现成人目标的道路上，其他人不仅仅是偶然的或者是暂时的，他们还是重要的。当我丰富他人的生活意义时，我的生活才有意义；他人也一样。确实，他们使我成人，始终如此：如果我扮演教师的角色，那么学生对我的生活而言是必需的，而不是陪衬。角色人严格遵循康德伦理的基本原则，《绝对命令》中的第二种表述是："你的行为使你在对待人类时，不管是对待自身还是对待他人，都把人作为最终目标，而不只是一种手段。"①

在详谈角色伦理之前，我想提醒大家，以确认我不是在描述一个更加流动的、相互关联的个体。西方思想家已习惯于应对自主的个体，他们可能会说，角色人充满了活力，更加社会化，嵌入了社会里，甚至超过了亚里士多德，但是，从你对他们的描述可以看出，角色人仍然是个体，不是吗？

不。我们现在已经从桃子转到了洋葱（参见第一章）。到目前为止，我确实一直在描述人，但我是试图从人的角色以及与他人的关系出发进行阐

---

① Kant, Immanuel. *Groundwork for the Metaphysics of Morals*. Cambridge: Cambridge University Press, 2013, p. 47.

述的。我重点关注角色关系的本质，因为如果要正确理解儒家理想，就必须突出这一重点。同时，我必须强调，我对人类互动的描述是基于普通人的日常生活事实的。我希望他们的生活，在不考虑或者不试图去发现个体时，与我的读者的生活没有太大的差别，因为对那些不认可我的上述观点的人，我不能再进一步辩论下去。这就需要同时把个体的哲学概念和心理概念放到背景中，就像我在第三章中讨论格式塔转变时所示。更重要的是，如果我们谈及个体的话，则焦点不仅在于角色，更在于角色人的互动中，而不在于我们相信他们所拥有的素质。人们认为，个体是善良的，扮演角色的行善者对受益者表现出友好的行为；个体是勇敢的，角色人表现出勇敢的行为；个体可能恋爱，角色人待人亲切。我们了解角色人无限素养的最好方法是，通过其在与人互动过程中的无数行为。总之，当我说角色人很温和时，我不是在描述其内在自我特征、素质或态度，在某种程度上，我在预测他扮演角色的方式。

　　更具体地说，在角色互动的描述、分析和评估中，陈述将会与那些描述个体的道德行为有所不同，我们往往注重动因、行为及其综合结果。但是，在角色人之间，我们必须说明行善者对受益人做了什么，受益人又有什么回报，以及他们之间的互动质量。我们必须问道：是一个人繁荣了，还是两个人，或者一个也没有；受益方是否获益了；行善者一方的互动是否合适，可以让受益人给予合适的回报，反之亦然；互动的美学方面是什么；对儒家追随者来说，互动的角色人适合他人模仿吗？更重要的是，我们可以去观察角色人的所有互动，比如，在葬礼上表达哀悼，救一个落水的老人，安排一个客人在餐桌旁就座，帮助家长干家务，为参加公民不服从运动而把自己和别人绑在一起，等等。

　　一个人如果意识到自己当前扮演的具体角色，就可以从规范上提供互动行为的总体方向。在这个角色上，他的经验越多，就越容易选择最合适的行为，而其行为取决于他人的角色。我们可能会注意到，在角色伦理中，任何东西都无法阻止行善者询问受益人的想法，即他们认为最好的做法是什么。我们可以知道，甲和乙一起做的事情恰如其分，因为他们都认为双方能在互动中得到尊重。这有助于我们回答怀疑者的一个问题，即我们如何知道"总体"繁荣的意思是什么：没有"总体"繁荣，只有在特定场合，我们可以通过询问参与者得知是否有过繁荣。

如果所有道德都与角色行为绑在一起，那么，某一个人的道德行为规范就不是一件私事，因为所有角色都只能通过和他人一起而得到定义。因此，"私人"包含"个人的"或者"自主的"的意思，与"个人"相差无几，都不存在。赫伯特·芬格莱特很好地表达了这个观点，他说："对于孔子来说，除非至少有两个人，否则就没有人类。"[1] 我们可能注意到，如果这个陈述足以描写、分析和评估人们与他人的行为，我们就不需要当前使用和研究道德的想法，也不需要自主个体这个概念，此概念会使当代道德搁浅。二者都没有在伦理上发挥应有的作用，也没有从角色的视角发挥作用，所以可以遵从奥卡姆剃刀定律，弃之不用。

道德认识论

我们最重要的角色始终是作为孩子这一角色，这个角色在很大程度上定义了我们一生的生活。孝是儒家思想中最高的综合思想和感情之一，安乐哲和我把它翻译成"family reverence"（家庭尊重），而非"filial piety"（对上帝的虔诚）。[2] 我们对父母忠贞不渝，我们对他们的多重责任不会因为他们去世而终止，正如孔子在《论语》中所说：

> 生，事之以礼；死，葬之以礼，祭之以礼。(2.5)

对儒家道德认识论的描述并不难：一切始于家庭，每个人都从儿女的角色开始他们的生活。我们通过听从父母而学会了忠诚和孝顺，若不把听从（褒义）看作顺从（贬义），我们就更容易理解儒家的愿景。让孩子在早期学会听从父母的最好方法不是通过谩骂或更糟的方式逼迫他们，而是让他们观察父母如何听从父母的父母，即他们的祖父母。对于儒家追随者来说，

---

[1]   Fingarette, Herbert. "The Music of Humanity in the Conversations of Confucius." *Journal of Chinese Philosophy*, 1983: 10.4.

[2]   Rosemont, Henry Jr. and Roger T. Ames (translators). *The Chinese Classic of Family Reverence: A Philosophical Translation of the* Xiaojing. Honolulu: University of Hawai'i Press, 2009.

听从的态度与慷慨或责任一样，是个人发展的基本要素。发展听从的行为模式与发展其他任何行为模式同样重要，有助于最大化地提升角色互动的质量。所以，不应该认为自己只需要听从父母，而是应该认为自己需要听从应该听从的人。这点很重要。如果父母和祖父母与孩子互动良好，那么对于孩子来说，听从父母和祖父母并非难事。孩子在他们面前很无助，然而他们无限地关爱孩子，听从应该是一个自然反应（至少在大多数情况下）。顺从则不一样：你必须向有权势者弯腰，不管他们是否值得尊敬或爱戴。这是他们扮演角色的合理方式，角色人拥有尊敬，值得爱戴并获得爱戴。这些可以成为家庭传统，这些传统通常出现在大大小小的仪式上，并通过这些仪式体现出来。通过参与这些仪式，你会更加认同其他参与者，与他们保持并加强联系。通过参加仪式，你还会看到并感受到这种独特的关系网，穿越时空，把自己和祖先连接起来，并在将来和后代联系起来（这种仪式具有社会性和道德性，第八章和第九章将会再次谈及此话题）。[①]

如果你的父母听从你的祖父母，你也会受到鼓励，从而听从他人。你像父母一样学会听从，你父母像他们的父母一样学会听从。你应该看到忠诚和顺从的行为，这同时也是在报答父母的养育之恩，家风因此代代相传。有时，表达忠诚和孝顺——感恩——的最好方式不是顺从，而是在父母犯错误时给予劝诫，对孔子来说，这样的行为有时是必需的。当被问到应该如何面对君主时，他说："勿欺也，而犯之。"（14.22）还有更严厉的是"见义不为，无勇也"。《孝经》第15章整章都在谈论劝诫，例如：

> 故当不义，则子不可以不争于父，臣不可以不争于君；故当不义，则争之。从父之令，又焉得为孝乎！[②]

当年轻人看到其父母在适当的时候劝诫他们自己的父母时，年轻人也

---

① 在《中国早期伦理学》一书中的"儒家和道德直觉"部分，威廉·海恩斯精辟地论述了作为个人修养关键要素的礼仪在产生和加强我们的直觉与感情中的作用。比如，他说："对于参与者和其他旁观者来说，儒家礼仪的许多因素扩展我们的情感洞察力。"（第225页）

② Rosemont, Henry Jr. and Roger T. Ames (translators). *The Chinese Classic of Family Reverence: A Philosophical Translation of the* Xiaojing. Honolulu: University of Hawai'i Press, 2009, p.114.

会学好这一课。在封建时代的中国，随着时间的推移，人们越来越期待并奖励顺从，家庭和法庭劝诫也减少了（尤其是前者）。这是我们自古以来对中国社会的刻板印象，也使西方人对儒家思想产生了误解，认为儒家思想是反动的、性别歧视的、精英的、令人痛苦的一套正式行为规范。然而，就当前例子而言，就像多数其他例子一样，没有理由把听从和劝诫行为分裂开来，而是应该两者并存而至少取其一，并坚持这种平衡思想。如果每个人都持异议，那么社会将会分裂。如果每个人都顺从，那么社会也将会分裂。

感恩是孝的基本组成部分，可以有效地培养顺从感、服从感和忠诚感，与劝诫并存。感恩思想的培养（通常通过仪式）是个人修养的重要部分。基于感恩的顺从不会滑入奴性，感恩不只是一种报答的责任。如果只是咬紧牙关行孝，我们就不会了解什么是孝，或者应该如何行孝和感知孝。从社会契约的角度看，个体不喜欢为了父母而牺牲自己的自由和自主权，他们没有被要求报答，或者不想报答。如果我们是角色人，并在一个充满爱的几代同堂的家庭长大，那么我们应该从小就意识到，父母帮我们做的都是为了我们，而不是为了他们自己——他们付出了很多。同时，我们也应该意识到，我们需要如何与他们连接在一起，并通过他们与我们的祖父母及其父母连接在一起。当我们有机会关心他们的时候，这些意识会让我们感到喜悦。

从我们作为儿女的角色开始，到作为兄弟姐妹、玩伴和学生，我们长大成熟，自己也成为父母，成为配偶或者爱人、邻居、工作伙伴、同事和朋友。所有这些都是双向互惠的关系（即"恕"，另外一个儒家的杰出思想），这些关系从出生就开始了。从当代世界的实用性看，这些互惠关系可以被描述为行善者和受益人之间的纽带。当我们年轻的时候，我们基本上是父母的受益人。作为我们的行善者，他们给予我们爱、关心、食物、安全、教育等。作为回报，我们给予他们顺从、爱、忠诚和照顾。[1] 很明显，角色

---

[1]　艾文贺撰写了一篇有趣的文章，认为孝就是亚里士多德所指的美德。此观点来自：Ivanhoe, Philip J. "Filial Piety as a Virtue." In *Filiam Piety in Chinese Thought and History*. Edited by Alan Chan and Sor-hoon Tan. London & New York: Routledge Curzon, 2004.

因此是等级化的，而不是精英化的。如果是后者，则位置很少变化：精英仍然是精英，大众仍然是大众；赞助人仍然是赞助人，客户仍然是客户；海军将官永远不会听从普通水手的命令，皇室成员永远不会向普通民众弯腰鞠躬。

然而，始于家庭的儒家角色虽然具有传统性和等级差别，但不是一成不变的。我们的父母作为行善者给予我们爱、关心和关注，我们也会回报他们，给予他们忠诚、照顾、爱和顺从；所有淘气的孩子的父母都深知，即使孩子基本上得益于家长，他们也能够给予重要的回报。孩子是中心和焦点，让父母拥有表达他们爱和抚养的能力。所有这一切都体现真正的互惠，我不是在描写一报还一报，而是在融合爱的互动。当我们长大后，我们每个人都从行善者变成了受益人，又从受益人变成了行善者，对象既有同样的人，也有不同的人，取决于在什么时候，在何种情况下，以及与我们相处的人是谁。我是母亲的儿子，也是女儿的父亲。年轻的时候，我基本上得益于父母，当他们老了，身体变弱，我就成了行善者；对我的孩子来讲，道理也一样。我努力当一位好老师，但是，我也从学生身上学到了很多东西；我也许改变了一些学生，但他们也改变了我。当朋友需要帮助时，我们是他们的恩人；当我们需要帮助时，我们就是受益者。总体而言，我们扮演的多重角色定义我们的独特性和经历的人生变化。通过实例化这些与生活相关的关系，我们获得了尊严、满足和生命的意义，并具体表达了我们的创造力。

角色互动会因适当的行为而互相加强。理想的儒家社会基本以家庭和社区为中心，而习俗、传统和仪式是许多关系以及关系之间的约束力和责任。要充分理解这一点，我们必须领会"礼"这个概念（英文译为"ritual propriety"），它不只是纪念出生、胜利、婚礼、成年礼和葬礼等里程碑事件的仪式，更是人们互相打招呼、分享食物、照顾病人、请假时的简单习俗和礼节，"礼"更普遍，更社会化，儒家追随者必须始终在与他人的互动中客气有礼。这些互动应该文雅和愉快。当我们收到别人的礼物或善意时，我们要学会说"谢谢你"——一个小小的礼仪。但是，从儒家思想来看，说"谢谢你"也是送给别人的一个礼物，一个小小的善举，表示他们也许改变了你的生活，无论变化多么微小。

你可能会说，你说得都不错，但是，如果你的角色扮演得很好，而别人没有做好，你会怎么办？比如，如果你的父亲很粗暴，你会怎么办？或者如果有一位暴君，你会怎么办？《论语》说得非常明白，如果需要，儒家追随者应该为君主服务。但是，如果他是一位可怕的君主，你又会怎么办？这是一个直截了当的问题，必须得到回答。然而，我们不能直截了当地回答这个问题，因为在应对那些没有根据规范扮演好自己角色的人时，我们仍须遵从规则或原则。非常棘手的是，因为没有统一规范或者普遍原则，所以角色伦理无法提供回答：我如何告诉你该如何对付你粗暴的父亲？你必须自己发现这个问题的答案，这也是家庭生活帮助我们做好准备的认识论的一部分。你父亲的行为会立即影响到他自己和别人，这一点你比任何人都清楚。如果你不能该确定如何做，那么谁又能确定呢？

如果讨论另一个问题，我们可能会认识得更清楚。与其寻找一个抽象原则，不如像一个在衙门工作的人一样问一个问题：这位君主，此时此刻，能否被感化？如果你的回答是肯定的，我必须接着问第二个具体的问题：我有素养和技能去感化他吗？如果这个问题的答案仍然是肯定的，那么，不断地劝诫商纣王的一代圣人周文王就是我的典型范例，我会继续服务，一直规劝下去。如果第一个问题的答案是肯定的，而第二个问题的答案是否定的——我本人缺少必备的技巧去感化他——孔子就会成为我的榜样，我就会辞职回归家庭和基层，从基层开始"为政府服务"。《论语》第二章第二十一节写得很清楚，第七章第十六节和第八章第十三节又再次加以强调。如果我对第一个问题的回答是"不，我不相信他会被感化"，那么，我必须举起反抗大旗，以周文王的儿子周武王为英雄和先锋，推翻商朝，建立以其父为创始人的持久的周王朝。总之，没有冲突，始终有一个决策程序，但这一程序总是具有高度特殊性，需要认知和情感能力来做出适当的决定——为此，家庭是最好的学校。为了做出适当的应对，你应该尽可能多地了解与你互动的人，尤其是了解他们如何与你互动。

至此，我们问的第一个问题是：这位父亲 [①]，为什么他举止丑陋？我们应该如何改正其行为？他会被感化吗？如果会，我有必备的能力去感化他吗？如果不会，我们能帮助母亲去感化他吗？如果不能，我该如何最好地保护她和我的兄弟姐妹，以免于承受他的暴怒？也许可以咨询，请求帮助？诚然，在一些情况下，父亲的行为如此粗暴，报警成了最好的选择，此后我们就有可能与父亲一刀两断。显然，这不应该是首选，但是不得已时也只能这样做。没有规定何时应该做什么，因为情况都不一样，介入的人也不一样。总体而言，当所有当事方互相信任和尊重时，所有参与方就会最大化地呈现繁荣景象。如果与我们有关系的一方一直以来有明显的道德败坏的言行，我们就不会再扮演那个具体的角色，而是会终止双方关系。我们会相信，每一位角色人都能把握好时间，知道什么时候该终止角色关系，因为每个人都受到了影响。不管这位父亲有多坏，但如果孩子们报警，把他关起来并发誓再也不见他了，孩子们就会感觉很不好。

角色的规范性

角色首先是至少两人或者更多人之间的具体关系的名称，具有规范性。不同文化有不同的规范，甚至在同一种文化里也有不同的规范。几乎可以肯定地说，在每一种文化里，都有既宽容又严格的好父亲，但是，宽容在一种文化里可能是一种有价值的规范，而在另一种文化里则可能相反。有趣的是，在今天的社会里，挣钱养家的人可能是模范母亲，她们的角色不亚于家庭主妇。节俭的父母在一种文化里可能是常规，而在另一种文化里则是例外。关于角色的多元性，也许最清楚的例子就是教师。如果我的读者回想起两个或三个对他们影响最大的老师，那么我猜想，他们共性不多，除了他们都有影响力、都是杰出的教师之外。当然，有许多方式可以让你成为一个好朋友、好邻居、好同事或者好恋人。我很荣幸我有很多朋

---

① 我痛苦地意识到，关于有虐待倾向的父亲、爱人或配偶的女性，人们常问一个相似的问题：她们自己在多大程度上应该受到责备？如果她们无可指责，那么她们心里有多内疚？但是，这种明显的"责备受害者"的性别歧视并不意味着在必要的时候我们不应该问这个问题。

友，但没有两个人是相像的。许多人有家族相似性，但是，我出于不同的原因而钦佩他们、爱他们。有一点显而易见，文化间和文化内的角色约束人，但不会限制人，如果想当个好老师（母亲、朋友等），你可以采取许多方式。角色在规范行为时具有规范性，而这种行为规范是比较笼统的。从定义上看，角色互动是社会化的，在某一种文化中角色的概念必须能够共享，以使社会互动顺利进行。如果警察的行为像法官，朋友的行为像情侣，配偶中的一方对待另一方时像对待孩子，那么不和谐就随之而来了。在我们的互动中，我们每个人都必须满足他人对自己的角色期待，这包括不违反角色中隐含的各种禁忌，不然互动一方、双方甚至所有互动者都会因此而遭受批评。如果你想当一位好朋友，你就可以采取很多方式，但显然不是对另一位朋友的背叛。丈夫不应虐待妻子（以下会有更多讨论），父母不应忽略孩子或他们自己的父母。他人期待我们中的每一位都始终礼貌待人，遵从一种文化中规定的打招呼礼仪（在美国是握手，在印度是合掌，在日本是鞠躬，在俄罗斯是拥抱，等等）。

我们正是在这种角色对我们行为的约束中表达创造力的。我们往往认为，对我们的活动的约束越多，我们的表现力就越弱，但这不一定正确。让我们听听贝多芬《第五交响曲》最开始的十六个小节，它最初是由托斯卡尼尼指挥演奏的，接着是伦纳德·伯恩斯坦，然后是德米特里·罗斯特罗波维奇。他们都有独特的风格，在音乐的一开始就能听出来。尽管受到贝多芬总谱的高度约束，但他们都能表达自己的创造力。两个小孩可能在棋盘上用棋子玩有创造力的游戏，但他们不是在下有创造力的棋。而下棋高手只是在六十四格的棋盘中根据棋子的移动规则有创造性地下棋。没有约束，就不可能有真正的创造力，而只有随意性。这是东亚美学的基本原则，西方人也有所了解。

在这里，用语言来进行比喻可能比较恰当。学好如何扮演角色就像学好自己的母语，一个人越多接触那些优秀的角色扮演者，就越想模仿他们，也越能模仿他们。同样，我们听到越多的语言，使用时就会说得越流利；越看到别人享受对话，也就越喜欢对话了。

类比还可以进一步深入下去：对角色的约束很像对语言的约束。我们注意到，当一个好朋友或好老师有很多方式，我们每一个人都采取独特的方式来扮演我们的角色，从而表达我们的创造力。但也存在限制，朋友不能背叛朋友，老师不能煽动学生。语言也一样，我们可以采取许多方式来表达"男孩扔球"（"这个球被男孩扔""男孩扔的东西是球""男孩扔的就是这个球""被男孩扔的是球"等等），但是，"扔给这个男孩球"和"球扔男孩"不属于以上范围。只有在语法的约束下，我们才能创造性地使用语言，而我们当然不觉得语法会阻碍我们的自我表达。同样，只有在家庭、村庄和更大的社区的约束下，我们才有可能创造性地扮演角色。至少对儒家思想的这个方面，奥斯卡·王尔德是赞同的。

让我们将类比再深入一步。当我们说话不遵守语法规则时，沟通将会中断；当我们违反角色规范时，互动将会终止。正如语法会随着时间而发生变化，重复的词语用法和环境会发生变化，角色会随着时间而变化，重复的行为和环境也一样。正如一些符合语法的句子比其他句子更加精练、迷人、优雅或恰当，更加精练、迷人、优雅和恰当的角色表现也同样存在。如果我们因为说出某一个特别的短语而高兴，我们也同样可以因为扮演角色而愉快。总之，根据儒家思想，扮演好角色需要很多实践和纪律，从而使自己不仅符合伦理和社会规范，而且能享受美学上的愉悦。

如果我们履行责任，最大限度地展现恰当的行为举止，更多地了解与我们互动的人，那么，所有角色行为的方方面面都会得到提升。我们不会带吃素的朋友去牛排屋吃饭，我们不会在成绩公布前给教授送礼；我们会在母亲节送花，以正式的方式对待正经的人，与密友密切往来。对家人和亲密的朋友，我们必须敏锐观察他们的行为举止、欢快的步伐（或不欢快的步伐）、说话的声调，以及其他非语言提示，发现他们不同的情绪、感情和态度。如果我们只是把对方看作角色人，而不是一个独特的角色人，我们就没有履行责任，我们也无法希望我们与他人的互动会恰到好处。所有角色人都与其他人密切相关，每个人都独一无二，因此不能组成任何无个性的集体。相反，与权利个体相比，角色人更加独特和个性化，是更有个性的人。角色人永远不会被视为相同的人，而权利个体几乎总是相同的。

我相信，这些就是视儒家思想为"角色伦理"的原因（即使不是严格的伦理理论）。但是，儒家思想具有独特性，这迫使我们从人类行为以及人们与他人互动的角度重新思考描述、分析和评价人类的可能方式。至此，让我们回顾一下我们的讨论，角色伦理不采用具有普遍性的原则，因为我们该做什么取决于与谁在什么时候一起做事。这意味着，伦理分析和评价单位不是任何时间和地方的行为者，而是在某个特定的时间和环境里行善者和受益人之间的互动。我们不会判断互动的对错，因为这样做就是假设存在一个判断活动的客观标准。从某种程度上说，我们根据每个人对互动过程的贡献以及参与者的受益程度来判断互动是否合适。我们也有可能从美学维度来判断互动：每位参与者的优雅、热情、温柔和真诚。对个人来说，也许看似不难准确区分粗暴和不道德行为，实际却并非如此：粗野和不道德行为之间的分界点是什么？两者都会给他人带来不适或更糟糕的感觉，也许最好被视为同类的不合适行为，而不是不同类的行为。如果一个人不断在你面前打嗝，你就很难想和他相处。

我们的角色可以被认为具有高度的特殊性，因为我们总是在一个特定的情况下做适宜的事情。我们注意到，适合对我们的祖母做的事也许不一定适合对我们的弟弟，也不适合对他人的祖母做，他们的身体特征、能力和性格可能都不一样。因此，学习行为道德的最好地方是家庭——正如家是学习爱与被爱的最好地方，家也是学习关心与被关心的最好地方。

在西方道德哲学中，儒家的独特性往往被视为明显不够具有普遍性的价值观。但是，我们可以从儒家思想的原则中归纳总结出在今天仍然重要的东西，这不亚于儒家思想在两千多年前的意义：与老年人互动时，要敬重、关心、顺从和恭敬；与同辈互动时，要己所不欲勿施于人；对待年轻人时，要教育、谨慎、关爱并起表率作用。当然，我年轻的时候，没有把这些概括性说法当作道德原则来学习。但是，基于我与祖母许多次不同的充满爱的互动，我很早就养成了近似的习惯，知道如何恰当地与其他祖母互动。如今，与当代西方道德哲学中的大多数问题相比——知识产权、基因工程等——给祖母送生日卡片的行为，其重要性实在是微不足道，算不上道德问题，不值得一提。

但是，早期儒学的原则充分显示，这些家庭中的小小活动是人类互动的基本"要素"。孔子告诉我们，如果我们学会做好日常小事，所谓的"大"事就会自行解决。除了祖母和其他老年人，"小事"还涉及我们与同辈以及后辈的亲密互动，这样一来，我们开始了解共同的人性，因为我们每个人都将要经历这些生命阶段，除非我们早逝。我从与我祖母的互动中了解到，虽然每个祖母都独一无二，但她们具有共同的品质：扮演自己的角色，与其他人互动。从某种意义上说，当你学会完全欣赏自己的祖母时，你已经有了很大进步，能够完全欣赏所有的祖母，知道她们对家庭意味着什么，无论她们的皮肤颜色、民族、宗教和其他特点是否有差异。只有当我懂得了这些时，我才能完全挖掘道德和精神潜力，从家庭开始并向外延伸。这就是早期儒学的道德认识论，可以说相当简单，直截了当。

因此，家庭和社会角色本身具有规范力，是我们的行动纲领，指导我们客观上如何着手去做，主观上又如何去做。确实，以充分利用相关生活为目的而不断评价和改进我们的生活角色和关系的过程表明，早期儒家道德是角色伦理，具有独特性，与西方哲学没有道德相似性。但是，它确实与我们在日常生活中所关心的问题和环境非常相符。

自愿承担责任

然而，我们不能仅仅"假装"遵守互动中的习俗、传统和礼仪，也不应该为了尽职而尽职，因为如果那样做，我们就无法继续发展我们的人性。我们必须自愿为之，并根据需要而对习俗、传统和礼仪加以修正。我们不能忘记，对于孔子而言，我们的许多责任不是——也不能——自由选择。但我相信，他会坚持认为，如果"自由"这个词用在伦理学中，那么它一定是结果词语而非状态词语。因此，我们可以说，只有当我们想要负责，想要帮助别人（成为行善者），并且接受他人的帮助（成为受益人）时，我们才能真正获得自由。[①] 这在个人主义道德理论中并不常见，所以，需要说明以阐述清楚。

---

① 在我看来，这是儒家个人修养的本质：培养我们的感情和直觉，通常是通过仪式（风俗、传统、礼仪）的帮助才能完成的。

年轻时，有一天你的祖母为你做了一件特别好的事，你决定画一幅画来回报她，因此，你拿出颜料，开始画画。从你过去与祖母的许多互动中，你知道祖母会非常喜欢你的画，所以，你也开始更加愉快地画画。当然，她对画好的画"挑三拣四"，显得很可爱。一切都不错。然而，第二天早上，当你的朋友叫你出去玩时，你祖母说她的关节疼得很厉害，问你是否可以给她按摩一下脖颈和肩膀。作为一个优秀的儒家追随者，你同意给她按摩。但是，你可能会感到一点厌烦，或者至少感到有压力或者沮丧。然而，在一个充满爱和角色榜样的家庭里，你不断培养自我修养。所以，你不会出去与朋友玩，而是会帮助祖母减轻疼痛，从而获得更多的愉悦。从此，你将会一直愿意这么做。我相信，当孔子回答一位学生关于什么是"孝"的问题时，这就是他的意思：

> 色难。有事，弟子服其劳；有酒食，先生馔，曾是以为孝乎？

（2.8）

你一定不能仅仅只是履行你的责任，你必须自愿为之，希望他人安好健康。你会因履行责任和帮助他人而感到快乐，这是真正的个人修养，或者我称之为"精神修炼"，具有儒家风格。如果想要有丰富和愉快的人生，我们就需要做好这些事情。这是臣民需要遵循的常规，君主也不例外，正如孟子所说：

> 乐民之乐者，民亦乐其乐；忧民之忧者，民亦忧其忧。乐以天
> 下，忧以天下，然而不王者，未之有也。[1]

所以，当大家相互捆绑在一起时，我[2]对他人的安康做出的贡献越

---

[1] Lau, D. C. (translator). *Mencius*. London: Penguin, 1970, p.63. 要了解更多的洞见，参见：Nylan, Michael and Harrison Huang. "Mencius on Pleasure." In *Polishing the Chinese Mirror: Essays in Honor of Henry Rosemont, Jr.*, edited by Marthe Chandler and Ronnie Littlejohn. New York: Global Scholarly Publications, 2008.

[2] 李晨阳编著的《圣人与第二性》中的一些文章质疑这种概括，至少在一定程度上如此。从历史维度看，尤其要阅读该书中戴梅可的文章。参见：Nylan, Michael. "Golden Spindles and Axes: Elite Women in the Achaemenid and Han Empires." In *The Sage and the Second Sex*, edited by Chenyang Li. Chicago & La Salle: Open Court Publishing Company, 2000.

多，我也更加安康；相反，如果我的行为贬损他人——种族歧视、性别歧视等——我也会受到更多的贬损。确实，在历史上的很多时期，中国社会制度中等级森严，所以，在中国古代，很多妇女的命运较为悲惨。同时，与欧洲一样，中国也不缺暴君、奉承拍马的官员、粗暴的家长和单调乏味的书呆子。但值得注意的是，经典著作都在彻底谴责这一类人，从不为这种丑陋行为辩护。《论语》早就说明，他们如何并且为什么会在中国社会生活中司空见惯，对此中西学者们没有给予其他早期儒学论著足够的关注，尽管这些论著应该得到关注。这仍然是一个谜，正如西方侵略者如何以"和平之主"的名义为西方的许多战争辩解，这对许多人来说也是一个谜。下面我会回到这个主题，我的观点是：古典儒学理想可以在今天得到重新开发和利用，因为它保留了诚实守信的美德，谴责和反对性别歧视、种族歧视、卑躬屈膝以及各种精英主义现象。这种理想不仅在它产生的地方适用，在其他地方可能更加适用。

我读了很多相关的儒学著作，并且据此发现，对孔子来说，我们通过家庭和家庭角色而担任学徒，从而获得正式成为人类的资格。在家庭中，我们学会爱和被爱，以及信任和被信任；学会顺从、忠诚，在受益中学会感恩、养育、关心，在行善中学会鼓励；学会识别我们何时需要柔和，何时需要坚定；学会何时接受他人的现状，何时鼓励他人改变；最重要的是，我们是在家庭中通过让与我们互动的人高兴而获得愉悦的，从而充分欣赏他人给我们带来的快乐。

我们应规劝人们在承担角色责任时培养某种态度或情绪，虽然这在开始时可能显得奇怪或者自相矛盾。但是，在很多家庭互动中，想要学会适当地、持续地承担责任，则那些感觉的培养常常是重要且很有必要的。因被迫给祖母按摩背部而沮丧的情绪不会延续太久，毕竟你真的很爱她，所以，如果你愿意，她会成为你的情感训练场，让你学会享受为其他不太熟知的人解除痛苦时产生的喜悦感。对孔子来说，我们当然要为人类的素质负责，因为对自己的父母和祖父母缺乏感情也就是缺少完全的人性。此外，还有一点很重要，在儒家的学说中，经过仔细考虑多种选择后才学会选择这些特定行为的说法是不正确的。你是纯粹在做这些事——模仿适当的角色榜样——你做得更好，你做得更多。别人无法正式教你"阅读"与你关联的人的情绪和态度，而这对最合适的互动非常重要。但是，如果你只是纯粹地更多地"阅读"他人，你就会成为一个更好的"读者"。同样，当你对别人的安康做出贡献时，你获得的愉悦不是你的理性决定的；相反，你很自然地感到愉悦，并随着时间的推移而更加自然。

大多数时候，你都在与认识的人互动。与他们在一起时，你不是要做对，因为那意味着有一个适合每个人的客观的、外部的标准。更确切地说，你必须为A君做得恰当，而是否恰当只能通过与你相处的A君以及时间和环境因素来判断。在家庭和社区中学会的角色伦理可以被视为获得或提升个人性情的途径，无论你在家里和社区内还是在此之外，当你扮演你的角色时，这种性情使你的行为举止更有修养，更有创造性，更加自然恰当。

获得了这些经验和个人技能后，我们做好了准备，从家里走入学校、社区以及其他地方。正如早期儒家追随者所强调的，朋友是从家里进入世界的基本角色，是角色人最重要的关系之一。《论语》开头就说："有朋自远方来，不亦乐乎？"（1.1）当我们年轻的时候，我们首先有玩伴，然后是学校同学。这两类人中的许多人将来可能仍然是我们的玩伴或同学，其中有几个会成为我们的朋友，而朋友的角色需要情绪反应，就像对家人一样：爱、信任、关怀、忠诚和帮助朋友成长的喜悦。多数朋友是同辈人，有几位可能属于前一代或后一代，但大多数与我们年龄相仿。

然而，几乎在所有时间里，行善者和受益人的概念都适用于描述和分析朋友的角色，因此，可以认为角色也是分等级的，虽然不是严苛的。当然，绝对平等的角色人之间的互动也有点奇怪。当我在朋友家做客吃饭时，显然他是行善者；如果朋友在我家吃饭，那我就是行善者。当我的汽车在路边抛锚时，朋友给我拿来一桶汽油，她就是行善者；如果朋友家保姆病了，我给她看孩子，我就是行善者。

所有这些都一目了然，但可能还不是特别清楚的是，在这些人们日常互动的描述中，涉及的互惠原则不是"报恩"（或"偿还"），也不是"回报"，更不是"现在我欠你一个人情"之类的话，这些话源自社会经济契约观，而社会经济契约观要求我们给自主个体留下可以描述和实施的印象。角色人参与这些活动，因为那是朋友（有时是邻居）在互动中所做的事。我们对此深信不疑，尽管善于算计的契约者的形象无所不在，因为除非我大错特错，我们都能想到几位朋友或邻居，他们帮助我们多于我们帮助他们①；同时，我们也能想到几位朋友，我们帮助他们多于他们帮助我们。然而，他们都是我们珍惜的朋友，他们也同样珍惜我们。我们竭尽所能帮助他们成长，与我们的其他角色责任一致，并享受其中，他们也一样。互惠因此被认为发生在互动过程内，而不是互动之间：受益者角色表现了与其地位相符的一套行为——感恩、顺从、关注等，与行善者的行为有所不同——行善者表现出关心、体谅和鼓励等行为。

在极端情况下，我们可以清晰地看出"回报"与儒家思想中的"互惠"：我们对他人的一些责任不再存在，所以不可能存在"你欠我一个人情"②的想法。悲伤是我们必须培养的另外一种感情，葬礼是我们继续与前辈互动的方法，这是第九章的主题。

当我们在外面的时间开始越来越多，我们就必须继续培养这些态度和行为。这可能是件辛苦的事，但这就是我所理解的儒家个人修养。我们需要努力才能做到赏识他人但又不恭维他人，提出反对意见但又保持礼貌和恰当，表示感谢但又不低声下气。另外，我们必须继续当好行善者，提供帮助但不盛气凌人，奉献自我但没有抱怨，和善地接受感谢但不寻求过度的认可，等等。

这里我的陈述可能看起来是利他主义的，但这只是对那些把社会契约看得很重要的人来说。利他主义表明无私行为，但这种行为需要自我否定，我可以断定角色人没有自我否定。相反，角色人正是通过我描述的这种互

---

① 非常相似的一个案例就是我们的邻居苏·蒂尔尼和瑞·蒂尔尼。他们是我们主要的生活乐趣之一。他们乐于帮助别人，持之以恒，热情友善。如果我们要答谢他们，我妻子和我得活到110岁，才能回赠多年来他们给予我们的善意和帮助。他们真的是这个世界上的好人。

② 不可否认，在有历史记录的中国早期阶段，许多祖先仪式确实被认为是人们在请求帮助。在我编辑的《遗骨重生》一书中，戴维·奈特利撰写文章讨论过这个主题。参见：Keightley, David. *These Bones Shall Rise Again: Selected Writings on Early China.* Albany: SUNY Press, 2014. 当人们的超自然存在不再被认可时，孔子看到了这种仪式以及个人修养的重要性，这是孔子的天赋。参见第九章。

动行为而学会做人的，从家庭开始，继而超越家庭。

在当今的角色伦理中，家庭占有至高无上的地位，就像在孔子所处的时代一样。很显然，我们必须深入讨论这个话题，但是，在讨论之前，我们不妨回到个人主义视域下的人权话题，并从角色人角度进行讨论。我希望大家已经看到，关于基本的人文关怀，角色人对于做人的理想境界比个体自我更加开阔。从互惠的角色人的视角来看，我们以不同的方式看到第一代公民权利和政治权利与第二代社会、经济和文化权利之间的紧张关系，尤其是在个人层面。如果道德就是给我们的祖母按摩背部，那么，为了道德，我们确实必须给我们的祖母按摩背部。但是，不要忘记，公民权利和政治权利是被动的，只要不干涉他人，你就可以合乎道德——这肯定不是你的祖母想要的。就公民而言，如果不降低第一代公民权利和政治权利的重要性，我们就必须强调，在个人和企业层面，尊重公民权利和政治权利的成本就仍然很低，只需要小小的宝贵努力，它就成了保护我们行政司法机构中的达官贵人的堡垒，使得世界上许多国家继续拒绝实施第二代社会、经济和文化权利，尤其是在美国。在这里，道德又起到重要的作用：我们必须帮助穷人，不要忽视他们。所以，我们必须理解，今天如果我们将法律和道德聚焦在公民权利和政治权利上，则有利于财富和权力的集中，而正义将会继续远离，民主将会衰退，自由和自尊对许多美国人来说将会成为一个遥远的梦，这对日益脆弱的地球上的发展中国家来说也一样。我们只需要看看美国最高法院在《联合公民诉联邦选举委员会案》（2010-01-21）中做出的决定——迫使企业限制对政治候选人的竞选捐款，这违背了《宪法第一修正案》的言论自由。正如记者李布林所注意到的，"新闻自由只属于那些媒体拥有者"。

让我重申我的观点：我提倡角色人，但这并不意味着我们应该轻视自由状态和人权自由概念；我们受到的约束越多，就越不可能产生与他人的最恰当互动，他们是定义我们的人，也是被我们定义的人。但是，我需要避免履行角色责任的障碍，这与坚持一种无负担生活的做法非常不同。如果关注自由、理性、自主的个体，我们就很难越过自由言论权利和医疗卫生权利之间的鸿沟。更糟糕的是，这样就会继续让"责备受害者"的理念成为可能，我们会忽略不幸的人的困苦，尽管这很荒唐。消极权利和积极权利之间的巨大概念差距仍然难以弥补。如今，人们以牺牲社会正义为代价而获得个人自由。如果想要做让自己高兴的事，我就必须答应不去干涉别人（在社会契约内），却很难负责地答应去帮助他们（不在社会契约内）。基于基础自主个体概念的第一代公民权利和政治权利是否会转向联合国《世界人权宣言》中第 22—27 条规定的第二代经济、社会和文化综合权利？从美国历史来看，这很不乐观。

此外，尽管角色人这个儒家核心思想非常认真地对待第二代权利，但我们也不需要忽略甚至贬低《宪法第一修正案》规定的保护权利。如果我们始终做事恰当，有利于他人安康，那么，他人肯定会更好，因为我们让他们自由发言（我们也倾听他们）。我们可能与他们意见相左，我们可能对他们说的话表示抗议；但是，我们为什么要阻止他们说话？同样，为什么我不想让你有一个广泛的朋友圈？如果我知道做礼拜对你至关重要，你认为很合适，那么我为什么要拒绝给你机会？总之，公民权利和政治权利有助于我们的繁荣，我们当然必须支持并加强这些权利。

应当清楚的是，在儒家理想内，从概念层面上来说，从第二代权利到第一代权利都不难，而且直截了当，但反之不然。与个人主义倡导者相比，角色人更加包容，会承认《世界人权宣言》概括的全面的权利，或者看起来能够做到包容，尤其是在美国。总之，人权概念具有很大的益处，我们认为应该给予人类尊重和尊严，但这并不意味着我们需要假设他们都是自由、理性、自主的个体。

我们可以回过头来阐述角色伦理，并将其放到家庭这个社会最核心的单位之一的更中心的位置。

第七章

家庭和家庭价值观

幸福的家庭总是相似的，而不幸的家庭则各有各的不幸。

——列夫·托尔斯泰[1]

毫无疑问，如今的家庭制度危在旦夕，唯一例外的是那些至少在表面上看家庭角色较为稳定的社会，因为这些家庭有严苛的约束，通常有一位迫使家庭成员遵从角色的权威性家长。在这样的社会里，家庭会提供一种安全感，但无论根据儒学还是当代美国标准，这种家庭都缺少快乐、满足感、力量和创造力。当然，不幸的是，在所有的社会中都会发现这样的家庭，但是，在美国等国，还有其他一些削弱家庭制度的因素。看一看美国的几个数字：大约每 2 个婚姻中就有 1 个以离婚告终[2]；在一些少数族裔中，近 75% 的新生婴儿母亲是没有伴侣的未婚妈妈；如今，4 个孩子中就有 1 个来自低收入家庭，总收入处于贫困线以下。[3]

然而，就像我们在上一章中所提到的，家庭是培养角色人的主要孵化器。因此，在制定一个兴旺家庭的标准时，如果角色人被视为另一个替代权利个体的可行概念，那么我们就必须仔细考虑这个概念。我确实相信，"角色伦理"是个可行的替代概念，其重要性在中国社会中早就得到了显现，从而得以加强。两百多年前，莱布尼茨曾做此描述：

> 我们在冥想科学上早于中国人，当然他们在实用哲学上超过了我们；也就是说，在运用于当今生活的伦理和政治智慧以及用人制度方面……如此顺从上司，如此敬重老人，孩子与父母的关系近乎宗教

---

① 《安娜·卡列尼娜》（多版本），第1页。

② Abrahms, Sally. "Life after Divorce." *AARP Bulletin*, June 2012.

③ http://www.nccp.org/publications/pub_1089.html.

化，以至于我们从未听说过孩子会对父母采用暴力行为，就连言语暴力也没听说过。做坏事者似乎要为其行为赎罪，即使我们让他付出代价……在平等的人之间或者那些互不相干的人之间，大家都互相尊重，有已确定的职责顺序……中国农民和仆人在向朋友道别时，或者当他们分别很久后互相见面时，表现得很亲切，互相尊重，这是在向欧洲权贵的所有礼貌行为挑战。[1]

我相信，甚至对那些希望保持自主个体观念的人来说，在考虑建设和改革机构时，把家庭放在中心位置的行为具有标志性意义，这能解决我们今天面临的来自经济、社会、政治和环境等各方面的艰难问题。当然，许多家庭可能有性别歧视、压迫或者功能失调的特点，这些家庭往往见于新闻。然而，更多的家庭运行得相当正常，家庭成员比较幸福，他们互相接触，每天媒体上的无数广告都反映了他们之间的许多互动，体现了广泛的吸引力。更重要的是，家庭作为一个社会单位不会消失，虽然有些人可能会希望它消失，但这绝不可能：除非发生核浩劫，否则即便赫胥黎的《美丽新世界》到来，孩子仍会继续诞生，而他们若想生存下去，又需要许多年的抚养。当前，孩子由家庭抚养，这在任何社会里都没有任何选择，因此，对于是否要保持家庭这个社会单位的问题，答案是毋庸置疑的。我们应该寻找改革方式，使家庭有能力丰富其成员的生活，并为其创造更美好的社会。

当然，"家庭价值观"使许多有思想的人感到害怕，这是无可非议的，因为这个概念常常被用来服务于保守主义的社会和政治倾向，强调家长制、性别歧视等，这种社会和政治倾向通常基于对一种公然反对合理信仰的教义的特殊解读。我对读者抱有极大的同情，尤其是女性读者，他们会嘲笑我的观点，认为我把他们和他们的祖父母以及少数民族等群体的长期忍受

---

①   Cook, Daniel J. and Henry Rosemont Jr. (translators). *Leibniz: Writings on China*. Chicago & La Salle: Open Court Publishing Company, 1994, pp.46-47.

当作疗法。① 但是，对满口粗话的丈夫、校园性骚扰者以及其他类似的非人性化的个体，以个人主义为基础的道德理论又能提供什么样的疗法？无论是对犯罪者还是对社会而言，对有罪之人的惩罚都很少会带来态度上的变化，即使有变化，这种变化也只有微不足道的遏制价值。当然，除了对寻求报复的受害者而言，这种惩罚毫无意义。

对于早期的儒学著作，我想表达两个观点。其一，早期儒学著作保留了值得保护的保守主义精华，非常灵活，能够适应当代的进步理想。其二，在此情况下，家庭制度及其伴随的家庭价值观可以直接加入更加平等、民主和快乐的社会、政治和经济的行列，也许能够从此根除性别歧视、种族歧视以及其他反人类的行为和态度。如果从小就学会并乐于为别人的福祉做出贡献，我们就不会因为把其他人视为弱者而轻视他人，我们都知道这会伤害他人。

更重要的是，我相信，我们可以用一种不只是取悦少数人的方式来做事，因为自由和保守之间虚假的标准二分法在此并不适用，还因为所需要的改革与信仰体系相符（这将在下一章进行讨论）。我将继续提出我的主张，倡导基于家庭的角色伦理。② 与当前的道德和政治理论相比，基于并生于家庭的伦理可以有一个更加丰富的跨文化视角（这也将在下一章进行讨论）。

为什么家庭应该是哲学、政治以及社会分析和评估的对象？还有另外

---

① 有大量关于这一主题的作品。最近的一部对母乳喂养表示怀疑的作品是伊丽莎白·巴丹戴尔的《母乳喂养的暴政》。参见：Badinter, Elisabeth. "The Tyranny of Breast-Feeding." *Harper's*, 2012: 324, p, 39. 另有两篇文章将巴丹戴尔的作品评为这一主题的总体概述的一部分，参见：Szalai, Jennifer. "Mother Natures." *Nation*, 2012: 294.23; Johnson, Diane. "Mothers Beware." *New York Review of Books*, June 21, 2012. 另请参见：Worthen, Molly. "Single Mothers with Family Values." *New York Times—Sunday Review Section*, October 27, 2013, p.1.

② 四分之一的单身母亲都投了共和党的票，她们当中有很大一部分都是有几个孩子的非裔美国人。她们并非受到政治家的欺骗，而是富有道德感。因此，我希望我的解释能够在获得不同类型女权主义者的关注的同时，也能获得单身母亲的关注。她们鄙视女权主义，"因为她们将女权主义视为一种对自爱的狂热，女权主义否定女性的基本渴望，即不要自由要安全"。这句话出自《纽约时报》最近的一篇文章，文章里还引用了持这种观点的一位单身母亲的话："女权主义者说，'我们很独立，不需要任何人'——我不想和这句话扯上关系，因为我一个人做不来。"参见：Worthen, Molly. "Single Mothers with Family Values." *New York Times—Sunday Review Section*, October 27, 2013, p.1.

一个理由。一些国家看上去存在一些腐败现象，其中很多可追溯到家庭关系，因此，世界上对减少裙带关系的呼吁变得越来越普遍。但是，在我看来，甚至是最有道德、才智和能力的政府也无法为全国人民提供足够的社会和经济服务，所以，其他机构必须发挥作用，以便确保能提供人们所需的服务：社会保障、卫生保健、教育和交通等等。若要剔除潜在的腐败和压迫因素，我希望人们不要轻视家庭和当地社区，因为它们可以提供许多服务。比起把老人送到冷冰冰的机构，让老人在家过晚年会更人性化，资助家庭的费用也会更少。每个孩子都应该接受良好的公共教育，每个病人都应该获得所需的治疗。伴随着老年人口的增加、自然资源的减少以及气候变化的影响，很多国家面临同样的问题，可以说，当前世界上的大多数国家都在劫难逃。

从另外一个角度来看，我们从 2500 多年前提出的几个观点中获得灵感，这多少有点矛盾。当今技术和医学的发展使我们更加依赖于他人，因此，深刻的儒家思想应该受到重视，并可以被用来指导现实生活，为将来做好准备，无论之于个人还是为国家社会服务。2011 年，美国生物伦理委员会在其《总统报告》中写道：我们时代的显著特点似乎是"我们的年轻时段更长了，老年时段也更长了"。在很大程度上，年轻时段的延长是因为经济压力，而老年时段的延长是因为技术和医学的进步。换句话说，我们年轻的时间拉长了，老年阶段受他人照顾的时间也延长了，在此中间的大部分时间，我们都在照顾他人。因此，"儿童"和"老年"的概念需要重新得到定义，我们必须重新看待"壮年生活"。[①] 下面我们要回到这一点。

中国与古希腊 / 古罗马：家庭背景比较

在西方，家庭一直是一个社会单位，无处不在，与中国过去和现在的情况没有什么差异，但家庭历史和家庭纽带截然不同。除了少数显著的例外，家庭和家庭成员之间的关系都没有受到西方哲学家和神学家的关注。

---

① Brooks, David. "Longer Lives Reveal the Ties That Bind Us." *The New York Times—Op-Ed Page*, October 12, 2005. 另请参考本书第九章中引用的孟子和荀子的话。

更有甚者，家庭对提高全人类发展能力的作用的问题所受到的关注往往负面多于正面。比如，柏拉图严厉禁止共和国卫士的所有家庭生活形式，认为家庭生活会破坏他们治理和保护民众的能力。[①]

现代西方道德哲学没有过多地关注家庭（不能关注的理由我们下面再分析），尤其是占据伦理领域一个多世纪的两个普遍主义理论：康德的义务论以及边沁和密尔的实用主义。

然而，最近，一些道德哲学家开始思考家庭生活，尤其当家庭责任与义务论和实用主义道德理论的要求有所冲突，或者其理论似乎无法得到理解时。受到那些形式独特的女性哲学即"关怀伦理学"的有益影响，家庭问题在生物伦理和法律哲学领域也受到了关注。[②]

现代西方哲学长期忽视家庭，直到 20 世纪末才开始注意家庭，这有几方面的原因。长期以来，人们认为家庭事务是私人事务，而道德关乎公共形象。部分原因是人们对教会与国家分裂的想法的日益赞同：教会规定责任和义务，对于接受某个教会教义的人来说是强制性的；也就是说，教会的规定是针对个人的，或者说属于私人领域，如果一个人坚决放弃，那么教会规定就对其没有约束力。然而，在公共领域，在我们所生活的社会里，道德责任和义务是强制性的，唯一的选择就是逃离。

我相信，我们已经充分讨论过不考察潜在的家庭道德关怀的更重要原因，那就是当今盛行的西方道德理论——义务论、实用主义和以德行为基础的理论——都基于人作为理性、自由和自主（通常以自我利益为主）个体的想法。关键的问题是，如果我们把所有人都当作自由、理性和自主的个体

---

① 《理想国》。另请参考第八卷的开篇："我们同意，格劳孔，要想实现良政的国家必须建立妻子、儿童和所有教育的社区……" 参见：Plato. *The Collected Dialogues*. Edited by Edith Hamilton and Huntington Cairns. New York: Pantheon Books, 1961. 亚里士多德在《政治学》第二卷中批评柏拉图的"妻儿社区"，但没有对柏拉图理想中的女性平等做评论。他自己对家庭本质的看法——在《尼各马可伦理学》第八卷和第十一卷中有描述——与我们当代的观点更接近，且在宗教上最终是合理的，并基于理性实行，而且出于某种原因，对他来说，厌女情结、沙文主义和奴隶制是合理的。参见：Barnes, Jonathan (editor). *The Complete Works of Aristotle*. Princeton: Princeton University Press, 1984.

② 这一观点最著名的倡导者是内尔·诺丁斯。参见：Noddings, Nel. *Caring: A Relational Approach to Ethics and Moral Education*. Berkeley: University of California Press, 1984; Noddings, Nel. *The Maternal Factor: Two Paths to Morality*. Berkeley: University of California Press, 2010.

（通常以自我利益为主），如果我们如此看待我们的父母、祖父母以及孩子，我们就无法解释家庭互动的活力，也无法解释我们对这种活力的感受。家庭关系，尤其是最基本的父母与子女间的关系，不能以自由、理性和自主个体的互动为基础来描述、分析和评价，因为父母与孩子的生活紧密相连，而孩子的生活也与父母的生活紧密相连，父母和孩子如何定义自己，在很大程度上取决于对方。在类似的一个分析背景下，威廉·鲁迪克写道："如果家庭由理性、利己主义和追求效用最大化的人组成，那么这些人就像是临时室友，而不是一辈子都生活在一起的家人。"①

这是一个非同寻常的理由，可能与我们讨论的问题无关，但也不是一点都不相关。我们注意到，许多著名西方哲学家——笛卡儿、莱布尼茨、斯宾塞、洛克、伯克利、休谟、康德、尼采和叔本华等——都是单身，因此，除了孩童时代的生活，他们几乎没有家庭生活的经历。②（黑格尔结过婚，也确实在其著作中稍微提到过家庭——但只是提到家庭对自我个体发展的益处。）③

现在我们来看看中国的情况。早期儒学对作为社会单位的家庭也没有进行过多或者认真的思考，至少关于这个话题儒家学者写得不多。但是，与西方同仁比较，早期儒学这么做的原因有所不同：人们视家庭为人类繁荣的基础，这是显而易见的事实，所以不需要详细分析或证明。在《期待中国——探求中国和西方的文化叙述》一书中，郝大维和安乐哲认为，家庭是儒家思想乃至所有中国思想的基本比喻，没有家，我们不能成人（安乐哲在其最近出版的《儒家角色伦理学—— 一套特色伦理学词汇》中继续发展了这个主题）。④因此，对我们来说，儒家的问题不是家庭是否有益于人类发展和繁荣——很显然回答是肯定的——而是为了让家庭成员发展和繁荣，

---

① 《劳特里奇哲学百科全书》中的第一条目。
② 请再看第六章注释10中劳拉·杜汉·开普兰的引文。
③ "家庭成员之间的伦理关系不是感情或爱的伦理关系。这里的伦理因素看起来局限于个人的关系……局限于作为实体的整个家族……但是主导这一整体行为的有意识的目的……本身就是个体成员。" 参见：Hegel, G. W. F. *The Phenomenology of Mind.* Mineola: Dover Philosophical Classics, 2003, pp.257-258.
④ Hall, David L. and Roger T. Ames. *Anticipating China: Thinking Through the Narratives of Chinese and Western Culture.* Albany: SUNY Press, 1995.

我们还需要探究：什么行为模式最适合家庭，同时又可以运用到社会和政治语境中？

对家庭的重视可以追溯到中国很久远的年代。陶德文认为，因为自由和自主个体的概念在中国不流行，所以家庭受到了重视。[①] 在中国历史上，亲属群体的地位在更广泛的社会和政治语境中仍然稳固；也就是说，它在增长并留下痕迹。相反，在古罗马，亲属和政治单位产生强烈抵触，社会角色在任何时候都可以优先于家庭角色，同时，也可以明确地被宽恕，这一点很重要。在更大的相连的国家框架内（与亲属群体比较），个体能够控制自由权，这是成人的基础。自由表明个人身份；相反，自由和内疚、自责的能力是相互关联的，一个自由的人才能够内疚和自责。如果社会纽带是自然和必然的，就像在中国模式中那样，那么，一个人只会感到羞愧，而不是内疚和自责。

另外，对于儒家来说，社会（公共）角色永远不会优先于家庭（私人）角色。

> 叶公语孔子曰："吾党有直躬者，其父攘羊，而子证之。"孔子曰："吾党之直者异于是：父为子隐，子为父隐——直在其中矣。"（《论语》13.18）

吉德炜清晰阐明了中西家庭的鲜明对比，这最终其实就是道德和政治的对比：

> 我认为，环境可以阐明这个问题：为什么早期中国人那么孝顺，对老人那么尊重？相比之下，在古希腊，那些传说中的人物总是在挑战权威和父权制。为什么在中国，亲属群体的权威如此强大？当然环境发挥了重要作用：在古希腊，航行者和贸易者四处漂泊，不待在一个固定的地方，有机会接触另外的文化，自力更生，不在威权的监控之下，不像农民那样把自己捆绑在土地上，所以，他们更容易质疑或

---

① Trauzettel, Rolf. "Two Mythological Paradigms of the Constitution of Personhood." Bonn: Bonn University, 2012.

忽视其家长以及那些主宰他们的人。①

古典主义研究者摩西斯·芬利的观察为吉德炜的作品画上了一个合适的句号。芬利观察道："在一个重亲属关系的社会，'行为规范在很大程度上基于亲属关系，每一种受到认可的亲属关系都导致了固定行为模式的形成'。这不是对奥德赛世界的描述，奥德赛世界的家庭纽带虽然很强，却被狭义地定义了，其他强大并且常常是更加紧密的关系在亲属群体之外建立了起来。"②

考虑到西方现代历史，尤其是美国的现代历史，中国和西方文明之间的这种简略的对比也许看起来存在异议：水手和商人探索未知，他们世俗、敢于冒险、探寻财富，更重要的是，他们是自由和自主的个体；相比之下，几乎所有的古代中国人都是非世俗的、无好奇心的农民，再加上少数保守派人士，他们承担了传承风俗和传统的责任，同时服务于专制的皇帝。但是，我情愿做这样的假设：如果世界承认始于古希腊的西方文明，那么同样，它也要承认中国的工程师、天文学家、政府官员、手艺人、发明者，诗歌、绘画、音乐和医药。相较于人类历史上的其他文明，中国文明也许养育并安置了更多的人。

本书的主要观点之一是，我们一定不能抛弃古希腊传统价值观，但是，如果人类命运想要获得光明和确定性，那么某些古希腊传统价值观需要重新排序，我们需要接受中国的基本信仰。我认为，儒家关于人类的远景能够强有力地帮助我们调整价值观排序。

具有儒家特色的当代家庭生活

儒家家庭生活重在培养角色人，但其许多特点已不适合当今后现代、高度技术化、相互关联和多元文化的世界。虽然我们始终需要礼仪和传统，但是孔子看到的许多行为被礼仪和传统所支配，在今天难以被人接受；他也

① Keightley, David. *These Bones Shall Rise Again: Selected Writings on Early China.* Albany: SUNY Press, 2014, p.81.

② Finley, Moses. *The World of Odysseus.* New York: Viking Press, 1978, p.105.

许不会立即赞成关于家庭角色的协商，而更愿意简单地根据性别和历史来决定家庭角色。

但是，这里仍然有许多可以指导我们的思想。让我们重新思考一种不可缺少的制度，来充当承担角色的，而非拥有权利、自主的竞争者。

首先，也是最基本的，从儒家角度来看，家庭不是静止的，而是动态发展的。我岳母曾单独生活，后来搬过来与我们一起住，照顾我们并帮忙照看孩子，再后来她年老体弱，需要我们的照顾，在与她的角色关系中，我妻子和我都经历了重大的变化。在与孩子的角色关系中，我们的行为在他们上二年级时和上高中时是不一样的，当然，他们也一样在变化。家庭成员的离世也会极大地改变态势，就像新生婴儿的降临一样。家庭必须被认为是短暂流动的，但我们努力使它延续、持久和生长。①

其次，儒家家庭的根本部分是代际关系。家庭不仅仅是母亲、父亲和孩子，还有祖母和祖父，也许还有更多；无论如何，它由好几代人组成，不仅起到经济和社会作用，还发挥伦理、美学和精神作用。这种代际关系是理解儒家"人观"的关键，也是我们理解其美学、政治和精神特殊性的关键。当别人问孔子他最想做什么时，他回答道：

老者安之，朋者信之，少者怀之。(《论语》5.26)

最后，儒家家庭的第三个特征是尊敬（不是"崇拜"）祖先。它在古代中国中占据了比我们今天想象的更重要的位置，但是要知道我们的祖先是谁并且记住他们，我们今天仍然有许多可讨论的。对于去墓地或骨灰安置所拜谒离世亲戚（或朋友）的任何人，这个想法并不陌生。对祖先的尊重可以起到重要的心理作用，也是有效的家庭黏合剂。它有利于我们培养身份认同，理解我们将会在第九章中关注的问题。

---

① 中国家庭整体上比西方家庭渗入了个人生活的更多方面，从《家庭中的中国文化》中，我们可以多方面地看到普遍的家庭生活。参见：Giskin, Howard and Bettye Walsh. *An Introduction to Chinese Culture Through the Family.* Amherst: SUNY Press, 2001. 所有工作都是由"国家人文基金会夏季学院"的部分参与者完成的，这个项目由安乐哲和我于1996年在马里兰州的圣玛利具体实施。我们两人感到很高兴，也为他们所做的工作感到自豪。

与之相关的是，家庭因仪式和传统而牢固，不需要仅仅依靠婚礼、受戒日、开斋节或葬礼等重要事件，这些仪式和传统也不需要过分精致。比如，在北欧国家，传统婚礼已不常见，伴娘及其伴随的场景也一样，但家庭更加稳固了，因为其他仪式和传统发展起来了，同时，这些国家福利制度完善，它们坚定不移地以家庭为中心。普通但有意义的家庭传统和仪式也可以包括：妈妈生日的庆祝，聚餐时某些规矩的遵守，孩子们以前发音错误但很久弃置不用的词语（如 pasketti、breakstiff）的使用，我们一起玩过的游戏，或者一百个我们以前分享过而且如今更加温暖地分享的其他活动。当然，仪式和传统可以在任何时候都得到创造："即时传统"也许可以被视为有启发意义的代际关系，而不是自相矛盾。

总的看法此时应该十分清晰了：我们对这些活动以及相似的简单活动都很容易产生共鸣。孔子帮助我们看到了人的重要性，在我们的各个生活阶段，这些活动使我们继续相互关联。这种说法可能太简单，有欺骗性，这里有两个重要但不同的原因。

第一个原因是，这似乎完全不是一个非常复杂的说法。哲学家们讨论成年孩子对父母承担的责任（或缺少的责任），或者其他人就专一主义在孝道中的重要性问题著书立说，还有其他人谈及关于孝道的话题，我与这些人都可以对话。[①] 但是，这些言论都建立在基础个人主义之上，背后隐藏的是社会契约理论，所以，如果我不重申我的言论，或者提出对他们有利的问题，我就无法直接与他们对话。我所能做的是强调我反对基础个人主义。我还可以用其他方式来"回应"，就像我现在所做的这样，描述我们的日常生活，也像孔子所做的那样，用更加具体和全面的方式来看待现状。在玛莎·米诺和玛丽·尚利有关家庭和女性主义理论的讨论中，这个观点（虽然我猜想是不经意的）已得到很好的阐述。她们说："看似自相矛盾的家庭生活的特点……是个体必须被视为独特的个体，同时也被视为一个根本上处

---

① 一些有关这一主题的典型作品可以在《生儿育女》一书中找到。参见：O'Neill, Onora and William Ruddick (editors). *Having Children: Philosophical and Legal Reflections on Parenthood*. New York: Oxford University Press, 1979. 其他相关作品参见：Jecker, Nancy S. "Are Filial Duties Unfounded?" *American Philosophical Quarterly*, 1989: 26. 1; Sommers, Christina Hoff. "Filial Morality." *The Journal of Philosophy*, 1986: 83. 8.

在依赖、关心和责任关系中的人。"① 但是，我们再也不能同时"看见"一个人的两面，而是只能看见年轻女性和老妇，或者鸭子和兔子，就像第二章提到的；我们只"看见"了突出点，仅此而已。

我说我对家庭生活的简单描述有欺骗性，还有另一个原因。我们为了自己而参加这些我一直在描述的家庭活动，从而得以成长，充分实现人性的升华，但我的简单描述使我们更难欣赏到这一点。这些互动活动不只是为进入职场做准备，不只是为了理想的工作而摆脱一套相关的社会契约，或者出于任何其他实际原因。对于早期儒学来说，这些活动本身就是目的。

再强调一下，本书关注的根本问题是对比两种"人观"，形成两种强烈的画面感：自主的自我个体和角色人。儒家不是以职业为导向的，不是未来的资本主义，也不相信名誉和荣耀，儒家认为追名逐利是不值得的，孔子说："君子周急不继富。"（《论语》6.4）儒家学派的继承人孟子表达得更加强烈，孟子写道："……为仁不富矣，为富不仁矣。"② 通过我们的角色扮演，与我们的同伴和谐相生，从而使人性得以充分实现，这是儒家的生活目标。如果做得更加泰然自若、优雅美丽，我们便可以在人与人之间的互动中获得有纪律的自发性。要实现这个目标，我们需要合作和日益增进的同伴感情，而不是竞争；我们需要发展家庭角色，并且随着我们的成熟向外延伸我们的角色。

> 孔子说："君子无所争，必也射乎！揖让而升，下而饮。其争也君子。"（《论语》3.7）

黄百锐认为，儒家评价文化的标准是人的繁荣。陈祖为新书的题目《儒家完美主义》正好总结了这个核心观点。③ 黄百锐的看法令人信服。在不断变化又相互关联的生活中，我们不断努力，使我们自己和我们的同伴——

---

① Minow, Martha and Mary Shanley. "Relational Rights and Responsibilities: Revisioning the Family in Liberal Political Theory and Law." *Hypatia*, 1996: 11.1, p.22.

② Lau, D.C. (translator). *Mencius*. London: Penguin, 1970, p.97.

③ Wong, David. *Natural Moralities: A Defense of Pluralistic Relativism*. New York: Oxford University Press, 2009, pp.115-116, 205-211. 陈祖为的作品由普林斯顿大学出版社于2014年出版。

年轻人、老者和同龄人的人性得以实现和提升。

家庭结构

人可以在多种家庭结构中获得全面发展，因此，本书的这个部分应该被视为建议，而不是人们想采用的最终确定的可能选择。重要的是代际关系以及随之而来的施与者／受益者角色，除了这个根本的儒家基础外，我在整个讨论过程中假设所有家庭实行"真实"的民主程序，这里，"真实"的意思是每个人都应该在所有直接影响他们的事情上拥有发言权——无论是在家庭关系内部（以合作的态度确定具体的角色分工），还是在社会层面（以合作的态度确定家庭成员间的具体关系以及家庭与国家的关系）。

更进一步说，通过家庭成员投票来决定家庭事务，仪式和民主这两个因素可以得到结合。如何庆祝祖父的 75 岁生日？今年我们应该去哪里度假？这周末我们应该看什么电影？周日一起吃晚餐吗？在这些事情上，投票仪式可以加强家庭关系，如果投票前有一段时间的游说和演说，就更是如此。在这些事情上，如果把孩子当作成年人看待，我们就可以大大地提高他们长大后作为市民通过投票来承担责任的愿望。通过观察成年人认真投票，也许还通过两轮无记名投票，孩子们得到进一步教育：在这件事上，你们最大的愿望是什么？你认为家庭作为一个整体最大的愿望是什么？ [1]

这些家庭可以有多种构成方式。孩子可能是亲生的、寄养的；至少应该有两位父母，但也可能更多；年长者也许是父母的父母，或者是一位早年守寡的邻居，或者是父亲或母亲的一位年长的亲戚，或者是这对夫妻非常熟悉的另一位老人。大家决定互相信任后，对每件事都应该有长时间的讨论，比如，挣钱养家的人和家庭看护者之间的劳动分工应该怎样安排？年轻父母应该照顾哪一边的父母或者其他老年人？他们应该有几个孩子？在所有

---

[1] 我们或许还会提到美国一些（多数是亚裔）社区的所谓"包办婚姻"的回归，表面上看目前结果都相当好。黄百锐在其对于爱的有趣分析中表示认可这个观点，并引用了统计数据。参见：Wong, David. "The Different Faces of Love in a Good Life." In *Moral Cultivation and Confucian Character*, edited by Chenyang Li and Peimin Ni. Albany: SUNY Press, 2014.

这些讨论中，年轻夫妻的父母和祖父母都可以加入，各方也能因此获益。

这些讨论不是基于自主个体商定的社会契约论的自我利益，而是人们希望承担父母、家庭看护者的角色，以便用新的方式来促进相关成员的发展，同时，在别人的帮助下，他们自己也能得到更好的发展，从而逐渐达到人性完美的境界。这对自主的个体来说是难以做到的。①

如果我们局限在基于基础个人主义概念的普遍伦理框架，那更是难上加难，因为我们不容易抓住时间和变化。我妻子和我应该把老母亲送到养老院还是留在我们身边？当然，从某种程度上来说，这取决于我母亲个人的性格及其愿望，但是这也取决于我妻子和我当时的年龄：如果我们只是30岁出头，我们可能会准确地预测，认为把她送到养老院能够获得效用最大化，因为我们互相之间的责任、照顾孩子和家庭的责任以及工作占据了我们120%的时间，我们很少有时间甚至没有时间来照看年迈的父母，就连他们基本的物质需求都满足不了。我们可以轻易地制定出具有普遍性的规则，坚信我们今后不会成为孩子的负担，所以，我们希望，当我们年老体弱的时候，孩子们也把我们送入养老机构。因此，我们诉诸边沁、密尔和康德的伦理理论，为自己的决定找到了依据。然而，在60岁时，我们对这个问题的回答可能有所不同。我们知道，即使是最好的养老机构也会阻碍人的发展，因为这些机构缺少个人关系和情感纽带，所以，我们会选择让母亲留在家里，尽管我们自己精力不足，特别是因为当我们自己年老时，不希望自己的孩子将我们送入养老机构。

这并不意味着相互关联的角色扮演者愿意说理，而拥有权利的自主个

① 2014年6月和7月的美国退休人员协会简报包括对六个家庭的采访报道，这些家庭各不相同，与标准结构也不一样，参见《新美国家庭》。其他的新家庭模式，参见《纽约时报》时尚版面的"婚姻契约"。在中国，一些年轻人正在重现几百年前的中式传统婚礼。其中一篇最精彩的报道参见：Tillman, Margaret Mih and Hoyt Cleveland Tillman. "A Joyful Union: The Modernization of the Zhu Xi Family Wedding Ceremony." *Oriens Extremus*, 2010: 49.

体不能或者不愿意说理。他们当然可以这样做。① 关键是，以自我为中心的个体在面对自己的想法时必须应对许多心理和精神上的障碍。他们会有强烈的突出不同重点的倾向，提出不同的理由，寻求可以放之四海而皆准的道德原则，要求我们放弃所有的个体特点。但是，这在家庭里是行不通的。当我们考虑母亲的选择时，重点不在于她是女性或者母亲，甚至不在于她是老年人：我们要重点考虑"我母亲的选择"，这对应的是我们自己和孩子的选择，我们都不只是个体，需要通盘考虑。

关于对自主个体和具有特殊家庭角色的特定的人的道德考量的描述、分析和评估的重要性，读者们可以通过另一个家庭生活的例子来测试他们的直觉。② 比如，有一位致力于和平的男士，他所选择的职业是为和平组织工作：游说、组织会议、集会游行、演讲，有时因反对政府的军事浩劫而实施非暴力的公民不服从行为，他也会被逮捕。尽管经历多重挫折，他却为自己的工作而感到自豪，完全乐在其中。他的职业没有给他带来财富，但为他儿子上大学提供了所需资金。现在，他儿子毕业了，宣布他刚刚进入了海军陆战队的官兵候选人学校，并且通过了考试，完成了基本的官兵培训，进入了特种部队。但是，在我看来，我的读者可能与我看法一样，在这个转折关头，父亲的骄傲和喜悦会立即消失，而被抑郁所取代——儿子将有自己的专业和职业，而显然这是儿子自己选择的。但这不是因为儿子做出了选择，而是因为父亲此刻不得不以一种非常不同的方式来看待其作为父亲的角色，一种更加负面的方式，可以说在很大程度上是作为父亲的失败。父亲也许曾暗地里希望儿子上法学院，从而为和平问题，或者劳工、

① 教育研究员李进整理了大量材料和论据，说明本段中的论点适用于更笼统意义上的教育。东亚的学生以勤勉和在校成绩而出名，李进在很大程度上将这一点归因于不同的动机模式和教育目的。她将西方的"思维模式"与东亚的学习道德和社会模式做对比：前者训练思维，使学生能够理解世界；后者对个人的社会和品德进行完善。我要将她的作品推荐给来自不同民族的家长。参见：Li, Jin. *Cultural Foundations of Learning: East and West.* Cambridge: Cambridge University Press, 2012.

② 后面的几页包含对论点的修订，安乐哲和我将其整理进了最近的两篇文章中。第一篇请参见：Ames, Roger T. and Henry Rosemont Jr. "From Kupperman's Character Ethics to Confucian Role Ethics." In *Moral Cultivation and Confucian Character: Engaging Joel J. Kupperman*, edited by Chenyang Li and Peimin Ni. Albany: SUNY Press, 2014, pp, 131-156. 第二篇文章是《家庭和文化的穿越时空之旅：儒家沉思录》，刊登于阿莱特莱班2012年南法（哲学）学会会议论文集，编者是汉斯—格奥尔格·莫勒。

环境或其他与社会正义相关的问题而斗争；如果儿子选择学习工商管理专业，在金融业谋职，也许父亲会有点失望，但仅此而已。然而，儿子从事的职业有悖于非暴力和社会公正等他一生追求和努力体现的和平价值观，儿子的这一选择证明他作为父亲在一些方面是极其失败的。

从某种意义上讲，父亲以自我为中心，想通过儿子来完成其大业，成为一个想推动自己社会政治进程的教条主义者。或者简单地说，他没有考虑儿子为自己的独立和决定能力以及被一个精英组织接受的事实感到多么骄傲，就像大家所想的一样。但是，当儿子开始自己的职业并致力于解构他父亲的工作和梦想时，我们若直接把注意力转移到儿子本身，我们会如何看他？值得注意的是，如果我们只是把他视为一个理性选择的个体，那么我们也许会耸耸肩膀，说："那又怎么样？"或者："这是私事，是父亲的问题，不是一个道德问题。"但我的强烈感觉是，如果我们强调他是这位父亲的儿子，我们就会认为他无论如何在道德上是失败的。尽管其行为属于个人私事，但是我们会认为这个儿子相当冷漠，当然也会认为他以自我为中心，没有考虑其决定给父亲带来的影响。由于他的决定，父亲现在变成了一个非常不一样的人，不仅仅是因为悲伤。显然这个儿子不仅没有感恩之心，更极其不尊重他的家庭，给与自己生命交织的家人带来了不幸。这就是我们无法认可他的原因，对于那些不与和平者为伍的人，我们可能也会有同样的评价。

当然，在指导孩子行为的问题上，父母必须掌握平衡性。一方面，要欣赏每个个体的独特性；另一方面，要让孩子拥有价值排序，不仅仅因为父母是这样排序的，更因为他们自己相信这是一个合理的排序，并希望自己遵从这些价值。在我看来，父母只有爱孩子，在养育孩子的过程中起到行为模范作用，才能实现这个目标，抽象的道德规则或原则于事无补。回到爱好和平的父亲，他如何能够在价值排序中更加重视绝对律令或效用原则，而弱化给予他生命意义、目的和满足感的总体排序？另外，父亲对自己工作的热爱也应该为孩子树立了榜样，这更加令人悲伤，因为如果孩子事实上不是真正喜欢成为一个海军官兵，而是因为找不到其他工作，那么，父亲的榜样就一点作用也没有，这真的令人沮丧。但还有另一种更令人沮丧的可能性：儿子真的喜欢与政府认定的邪恶势力做斗争。

父母—孩子互动

这个故事的道理应该很清楚：当我们处理父母和孩子的关系时，我们不能把任何一位参与者视为自由、自主的个体，因为他们不仅在互动中也在自我身份认同过程中紧密相连，了解彼此的过去、现在和将来，在任何时候，他们的情感和相同的历史都把他们联系在一起。在很大程度上，作为父母的意义在于我们在任何时候都能对孩子的个性、能力和感情体察入微，并把这些因素考虑进去，无论是现在照顾他们，还是着眼培养他们。作为子女的意义在于，我们对父母的信仰和感情体察入微，然后再选择和遵从重要的生活目标。在父母有生之年，一定要保持这种体贴之情，这种忠诚并不意味着不向父母抱怨，这一点在《论语》和《孝经》里说得很清楚。

父母想在多大程度上向孩子灌输行为和态度，这取决于父母的价值排序，但更取决于孩子的独特个性。对于儒家来说，对权威的挑战不是小事，但是如果表里不一，那么忠诚或顺从也一样不是小事。对他们来说，这些素质是互惠的，父母和教师必须注意在什么时候和如何有效地灌输合适的意识，以及如何与合适的行为相配。

互惠的概念值得进一步的阐释。所有的角色都是互惠的，但这并不意味着我们需要经常互换角色，并不是说今天我是受益人，明天或后天你就是受益人。要欣赏儒家对角色互动的分析，我们一定不能使用理性选择理论、囚徒困境游戏或自由、自主和理性个体所承诺的社会契约的微型版。与此相反，在角色伦理中，受益人的角色必须和施与者的角色相对应，双方都尊重互动、感情和态度。需要记住的是，对于儒家来说，仅仅承担责任是不够的，还必须有承担责任的愿望，必须乐于承担责任，并以此让他人繁荣发展；反之亦然（以此进一步增加双方的幸福感）。比如，在《论语》中，我们发现"其为人也孝弟，而好犯上者，鲜矣"（《论语》1.2）。但同时又有"色难。有事，弟子服其劳；有酒食，先生馔，曾是以为孝乎"。当权威可能受到挑战时，真正的孝是提供洞见，因为孔子同样指出"见义不为，无勇也"。

显然，我们需要学会在合适的时间"做合适的事情"，而想在互动中拥有合适的情绪，我们需要不断努力、实践和付出。确实，从许多方面讲，这种努力象征着精神要求，只有当榜样出现时，我们才能成功。一个人模仿他人的行为，或者给青年树立榜样，这在什么时候都为时不晚。多数榜样是父母本身，他们谨慎而不鲁莽，顺从而不卑微，表达不同意见而又给予尊重，有力量而又温柔体贴——对孩子十分关心，爱护有加。这种做法很难坚持，但也很值得，并能带来效果。艾米·奥尔伯丁说得很好：

> 很多时候，尤其是在童年早期，孩子们都是通过观察他人而学习的。孩子们看到许多现象，但无法理解……当孩子理解或者能够运用道德察觉力时，他会发展感受力，并通过观察和模仿他人而知道如何做人，以及如何做好人。[①]

在《论语》中，这种家长式的、教学方法上的细心体贴随处可见，有一部分在前面就引用过：

> 子路问："闻斯行诸？"子曰："有父兄在，如之何其闻斯行之！"冉有问："闻斯行诸？"子曰："闻斯行之。"公西华曰："由也问'闻斯行诸'，子曰'有父兄在'；求也问'闻斯行诸'，子曰'闻斯行之'。赤也惑，敢问。"子曰："求也退，故进之；由也兼任，故退之。"（《论语》11.22）

我们不能直接把《论语》当作规范孩子行为的教科书，孔子的学生都是成年人，有些几乎与他同龄。但是，《论语》确实坚信，从某种程度上说，当儿女意味着一生都要照顾到父母的信仰和情感，这是一种感恩和忠诚，父母的言传身教就是最好的传授方式。我们也不应该简单地把《论语》当作儿童抚养手册，这只是其中的一部分，如果用一颗敏锐的心去阅读，当今的家长和老师仍然可以从中学到很多东西，从而懂得如何着眼于对年轻人的培养。

---

① Olberding, Amy. *Moral Exemplars in the* Analects: *The Good Person Is That.* New York: Routledge, 2013, p.33.

穿越时间的家庭

可以说，所有成功家庭的生活都面临世俗的考量，因为在扮演父母角色的过程中，我们需要给予孩子责任，也需要对孩子承担责任，我们必须在这个过程中讨论世俗的问题。这些讨论完全不受任何年龄的制约，因为我必须思考过去、现在以及未来，以确认我如何扮演父亲的角色，我妻子如何扮演母亲的角色。

我们现在必须思考如何扮演好父母作为监护人的角色，就像我前面提到的，确保孩子的衣、食、住和阅读的需求，以及更基本的安全和爱的需求。重要的是，父母不仅仅是为了孩子才这样做，履行父母的职责也是为了使自己感到自豪和满足，这在几乎所有社会里都是人类自尊的基本条件：人们很难获得自尊并发现生活的价值，除非一个人更多时候是施与者，而非受益者（因此，真正体面的政府会确保每个人都能得到足够多的工作补偿，而不仅仅是福利金）。更重要的是，孩子们接受我们的爱和抚养，同时从特别而重要的意义上说，孩子们也给予父母许多回报，即使在他们完全独立于父母之后，他们也是父母感受并表达爱和关心的渠道。孩子也能够顺从父母，并以此更加主动地对父母表达爱和关心。当然，我们不鼓励盲目的顺从，但需要指出的是，孩子尊重父母以及对他们表达爱和关心的一个重要方式是顺从父母（比如，他们深知，如果到了应该回家的时间而没回家，父母就会忧心忡忡）。我们应该始终把家庭关系看作互惠关系，但当然不是契约式的。

然而，除了照顾孩子——满足他们的物质和情感需求——我们还要意识到我们有责任将他们抚养成人，所以，我们必须从长计议，仔细考虑现在和未来。也就是说，作为家长，我们必须既关注孩子的现状，又关注他们的未来，知道将来对他们来说什么是最好的。我希望我孩子长大后成为怎样的人，这在很大程度上取决于我孩子的精神、身体和心理特质，以及我们的社会经济情况。我自己（和我妻子）的家庭历史、种族、公民身份以及其他社会因素也在很大程度上决定了我们对自己和孩子的希望、担忧、梦想和目标；没有这些，我们不可能成为今天的我们，我们的家也不可能成为真正意义上的家。

如果一个人主张个人道德，以自主和自由为核心，就可能不会赞同对家长的这种分析。在抚养孩子的过程中，他所关心的可能是让孩子长大后成为自主和自由的人，并理性地选择他们自己的未来，或者甚至不以此为主要任务，而是以个人主义为基础，强调基础个人主义道德体系的原则，坚持个体的最大自由。鼓励孩子顺从的行为通常会受到其质疑。

但是，我根据一套价值排序来生活，我是谁以及我做什么都深受这套价值观的影响。我遵循这一价值排序，因为我相信这是一个非常好的排序，我也试图在我和孩子以及其他人的行为中体现这些价值。当然，我妻子也一样，尽管她的价值排序可能与我有点差异。我们无疑会把我们的价值排序灌输给我们的孩子，家长的很大一部分责任在于让孩子成为有价值取向的人。如果我们不指导他们向我们的价值排序靠近，那么其他人就会把他们拉过去。这不是说我们要让孩子成为我们的复制品，显然，我们是不同的人，我妻子和我不得不始终考虑这些差异。比如，我可能对体育赛事不感兴趣，不认为它是有趣的休闲娱乐，且我喜欢阅读神秘小说。我儿子上中学时是棒球一垒球员，同时也参加了田径队，且他从未向我借关于夏洛克·福尔摩斯、卡德法尔兄弟或者狄仁杰的书，他在业余时间情愿收看娱乐与体育节目，但我对他一点儿都不感到失望。

但是，伦理的问题——或者说基本的政治和社会问题，或者有时甚至是工作选择——与品位或个人倾向有点不同。在这些领域，我已经接受了一种世界观及其伴随的价值排序，并相信我的排序比其他可能的排序更好。因此，相信伦理多元化的我和妻子有责任告诉我们的孩子，其他一些德高望重的人的价值排序有点不一样。但是，我们当然不会放弃家长的职责，而是会努力让孩子靠近我们认为最好的价值观。如果我们不试图让孩子靠近我们的价值排序，那么该让他们靠近谁的价值排序？

我们既要指导孩子的行为，又要欣赏每个孩子的独特性，家长必须在两者中做到平衡。理想的目标是，孩子们接受这些首选的价值观，不是因为这些是家长的排序，而是因为孩子们自己相信这些选择体现了良好的排序，并希望持有这类价值观。只有在父母之爱的基础上，这个目标才能达成，因为家长是榜样，体现了排在最高位置的价值观，而不是因为任何标榜的具有普遍性的道德准则（或者试图把美德灌输给孩子的观念）。回到那位倡导和平的父亲，在他的价值体系中，在给予他生命意义、目的和满足的优先价值的基础上，他如何能给予绝对命令或者实用原则更高的位置？

在照顾和抚养孩子的过程中，家长也必须考虑时间因素。除了现在和将来，儒家坚持认为，家长和孩子也必须关注过去，以使现在变得重要，并使将来少一些麻烦。在我看来，今天的每个人都应该了解儒家思想。家庭生活关注礼仪细节，尤其是那些涉及祖先祭拜的事，孝的概念是对家人的尊重，而非"对上帝的孝心"，也许正是因为尊重已故祖先，孝首先可以被最生动、最虔诚地视为强化仍在世的人的角色以及加强他们之间纽带的策略，使他们在 21 世纪的生活比基督时代以前的日子更有意义。但是，在信仰和礼仪的语境下，当我们直接回到家庭的过去之前，必须首先考虑这两个概念牵涉的意义，以及它们对人类发展的重要性所在，不能把它们扔到"历史的垃圾堆"里。①

---

① 一直以来我是否对这个家庭过于乐观？当我被家庭情感吸引时，是否只是在回应当今西方（建构）的一个现象？菲利普·阿蕊丝及与其合作的研究员一定会说"是的"，但是还有很多最近的学者则会提供一个相对明确的答案："不是的。"参见：Ariès, Phillippe, et al. *A History of Private Life*. 5 volumes. Cambridge, MA: Belknap Press/Harvard University Press, 1992—1998. 另请参见：Kertzer, David and Marzio Barbagli (editors). *The History of the European Family*. New Haven: Yale University Press, 2002; Ozment, Steven. *Ancestors: The Loving Family in Old Europe*. Cambridge, MA: Harvard University Press, 2002; Orme, Nicholas. *Medieval Children*. New Haven: Yale University Press, 2002; Goody, Jack. *The East in the West*. Cambridge: Cambridge University Press, 1996.

第八章

信仰和礼仪

我反对罗马教会的教条，但我对精彩美妙的弥撒感到喜悦。[1]

引　言

我想表明，信仰是人类共有的一种主观意识，我们感觉自己与某种大于自身的东西同在，这种东西在我们出世前就已存在，现在我们生在其中，我们过世后它还将继续存在。[2] 为了让读者理解我对早期儒学产生的现实意义的看法，我必须更加通俗地谈论而非简单接受信仰诸事。然后，出于同样的理由，我将以同样的方式讨论礼仪的概念。

以人为中心的信仰体系

学术领域开展的宗教比较始于 16 世纪末的传教士活动。传教士认为其任务是劝人皈依基督教，所以自然会将基督教当作宗教标准。当传教士遇到其他宗派信仰及其活动时，一开始就会观察其在多大程度上靠近"一个真正的信仰"：他们崇拜一神还是多神？他们相信来世吗？来世在心灵、天上还是天堂？

尽管这种方法有明显的方法论上的偏差，但这些学者对我们了解其他

---

① 我找不到这一引文的出处，也不知道它是否正确无误。我总引用它，是因为我感到它和孔子的观点非常相似，也与桑塔亚那的观点如出一辙，胜过我读过的任何其他思想家的观点。若想进一步了解其与桑塔亚那观点的一致性，可参见：Butler, Richard. "George Santayana: Catholic Atheist." *Spirituality Today*, winter, 1986.

② 在同休斯顿·史密斯合著的一本书中，我曾详细论述了该观点。参见：Rosemont, Henry Jr. and Huston Smith. *Is There a Universal Grammar of Religion?*. Chicago & La Salle: Open Court Publishing Company, 2009.

信仰的最初知识做出了巨大贡献，他们的努力为后来的研究奠定了坚实的基础。

然而，传教士传统的不足在于，我们在接触另外一种号称"宗教"的信仰体系时，仍然会问："他们相信什么？"换句话说，听到另外一种宗教时，我们会想知道其追随者的世界观，即他们认为世界是怎么来的，当今世界是什么，里面有什么，人类的命运如何。我们不妨问一些有关该宗教的追随者的行为问题：他们的通常做法是什么？为什么要做这些事情？从克里希那到孔子，以及亚洲的古代圣人，他们不是给我们描述了一个以理性和道德为目的的世界，而是给我们提供了故事、指导和榜样，以使他们的学生和追随者能够学会做事，在这个没有意义的世界里过有意义的生活。这个世界不属于自己，也不属于任何人。只有如此，我们才能更好地理解这个世界。①

据我所知，无论是过去还是现在，无论是大还是小，几乎所有文化都包含宗教元素，这些元素渗透在艺术、道德和文化规范中。正是宗教的无处不在和宗教表达形成了我的主要观点，即宗教冲动是人类共有的行为态度。许多其他宗教学者也坚持宗教的无处不在，并从这个事实中总结出重要的本体意义。

但是，我们没有必要在本体论上跃跃欲试。经历大于自我的东西的能力并不意味着我们要成为大于自我的东西，即外部的自我。这种宗教经历是我所关心的，它并不是直接地经历一些甲、乙、丙，而是每一个甲、乙、丙。它不完全是在这个世界的经历或者其中的一部分，它是在这个世界中的关于这个世界的经历。它不一定是我们看见或听见的东西，但是与我们看见、听见和参与这个世界的方式有关。

亚伯拉罕的神圣文本与非西方的一样，为其信徒提供了非常清楚的指导，使其通过参与某些实践活动而发现自己此时此刻在这个世界上生活的意义。②这对接触亚伯拉罕神圣文本的任何人来说，并不是一开始就能明白的，但是他们在翻开诸如佛教经典等非西方神圣文本时，自然就会明白这

---

① Rosemont, Henry Jr. *Rationality and Religious Experience: The Continuing Relevance of the World's Spiritual Traditions.* Chicago & La Salle: Open Court Publishing Company, 2002.

② Rosemont, Henry Jr. *Rationality and Religious Experience: The Continuing Relevance of the World's Spiritual Traditions.* Chicago & La Salle: Open Court Publishing Company, 2002.

一点。事实上，当我们仔细研读宗教文本时，可以在里面发现这些实践活动。圣者的方法有很多，且五花八门，从祈祷到冥想、行善、朝圣、吟诵，诸如此类。

这些精神原则能够并且确实带来每种宗教里描述的各种宗教经历，让人从小顿悟到神秘的视觉和声音的经历，但我的关注点不在这上面。我从早期儒学文章和维特根斯坦有关伦理/宗教的描述受到启发，因为维特根斯坦把伦理/宗教视为"我们的绝对安全感"。这个表述当然高深莫测，但是引人深思。①

在亚伯拉罕宗教信仰里，我们论及"赎罪"（atonement），但是如果我们把它放在儒学语境中，并把这个字分成三个音节 at one moment（在某一时刻），就可以更好地理解其意思。"协调"（attunement）这个词也一样，二者都不表示对人类层面以外的本体论承诺。回顾我在前面几章中关于人类共性的论述，试想毕业多年后你与一些朋友回到母校，但你的朋友从未来过这个学校，你们在校园里溜达时，看到和听到的东西都一样，但你觉得你是属于此地的，而你的朋友不会有这种感觉。我认为，这种经历外的东西具有美学和宗教属性，你能够感受到，而你的朋友不能。

在其他作品中我提出过，世界上的所有信仰都给我们提供了道路，我们可以踏上这些道路，从而获得归属感、安全感以及在某一时刻的感觉。②我们已经证明，这些道路对每个传统的拥护者都是有效的。无论是否有形而上学或神学的解释，这些道路能够让践行者获得智慧，以便让他们在这个世界上充实地生活，生活在此时此地，获得尊严感和满足感。

这种与世界在某一个时刻达成的协调感可以有几种形式。我们可以感到自己与整个人类相协调，并且与自然相协调：这就是我在本书中称赞的儒家思想。在不同的文化里，踏上不同道路的方法和细节有所不同，但共同的需要是削弱自我，以获得协调的状态。所有传统都证明，每个遵循规定做法的人都能获得这种状态，放低自我，因此对这样的经历更加开放。如

① Rosemont, Henry Jr. *Rationality and Religious Experience: The Continuing Relevance of the World's Spiritual Traditions.* Chicago & La Salle: Open Court Publishing Company, 2002, p. 98.

② Rosemont, Henry Jr. *Rationality and Religious Experience: The Continuing Relevance of the World's Spiritual Traditions.* Chicago & La Salle: Open Court Publishing Company, 2002.

果心灵能够让自我完全放飞，我们就有可能体验到这种经历，在我的理解中，这就是精神准则的目标。

在任何情况下，米开朗琪罗的《大卫》都是奇妙的艺术作品，如果你知道他的故事，就更是如此。但是，在当今世界，仅仅靠神圣文本的那些特点是无法解释社会贤达是如何接受他们的信仰的。这些文本必须得到重新解读，与信仰者举行的仪式紧密联系起来，与为心灵发展提供的世俗之物一起，才可以持久地发展下去（重新阅读本章开头的引言）。

从儒家思想中我们可以得知，仪式和其他物品是可以脱离形而上学而持续的。从这个方面讲，没有任何东西是神圣的，除非有人认为它是神圣的；反之亦然。如果某个东西对一个人来说是神圣的或者变得神圣了，那么它就是神圣的，举行仪式是世俗神圣化的最好方法之一。

过去和现在的仪式

"礼"是《论语》中的核心哲学词汇，理解了"礼"，等于理解了孔子的整体人类观。在古汉语中，"礼"的左边与神灵有关，意思是"祭祀"或"展示"；右边看起来像一个神坛，里面或上面有石头或玉片，或者是三脚架上放着一只祭祀的碗，碗里有蔬菜。无论是哪种情况，"神灵来接受祭祀品"也许都能最接近这个字最初的根本意义。

比起其他中文词语，"礼"可以用更多的英文词语来翻译：在很多情况下，我们简单地将其翻译成 ritual 或者 ritual propriety。它也隐含 rites（仪式）、manners（风俗）、customs（习俗）、ceremonies（典礼）、etiquette（礼节）、worship（礼拜）等含义。当碰到"礼"的时候，读者会想到所有这些相关的词，因为每次用到"礼"的时候，我们似乎都发现它包含了这些英文词语的意思。[①] 西方读者无疑在一开始就会感到奇怪，因为我们倾向于把我们的习俗（握手）与礼节规则（手写的"谢谢"便条）仔细地加以区分，并把前两者与行为举止（说"请"）仔细区分开来，同时，把前三者与礼仪规则（在

---

① 请参见安乐哲与罗思文翻译的《论语》引言中"礼"下的词汇表。

女主人吃饭前不要先吃）区分开来，我们的道德规则也不同（要始终遵守诺言）。

但是，孔子好像把这些看似完全不同的行为变成了一个统一体，形成了他对如何成为全人的洞见，因为所有行为始终都能最大限度地整合起来。也就是说，当我们要在角色互动中承担道德责任时，我们也应该在互动中扮演我们的角色，并不违反任何习俗、传统或者礼仪规则，除非绝对有必要去破坏规矩。我们应该竭尽全力地履行义务（因为我们需要遵守适合互动的礼仪），优雅并体面地履行义务（同前）。如果我们很好地扮演了自己的角色，我们就应该从中获得满足和快乐，与我们互动的其他人也一样。无论我们只是在街上与一位熟人打招呼，请朋友参加晚宴，帮助需要帮助的人，还是参加朋友的葬礼，我们都要这样做。①

对孔子的弟子来说，所有这些都需要纪律和练习。我相信，刚才提到的这些活动可以被认为是精神纪律。作为家庭和社区成员，我们扮演角色的生活可被理解为完整的艺术品。孔子当时的主要继承人之一是荀子，他致力于阐述礼的重要性，其有关礼的文章应该是学习礼仪的学生的必读物。他写道：

> 凡礼，事生，饰欢也；送死，饰哀也；祭祀，饰敬也。②

关于礼仪细节，荀子解释道：

> 礼者，断长续短，损有余，益不足，达爱敬之文，而滋成行义之美者也。③

因为我们的各种角色及其伴随的责任都在不断变化，因为我们必须始终面对着快乐和悲伤，因为我们必须常常保持恭敬虔诚之心，所以，我们

---

① 要以一种密切相关的方式来看待这一点。参见：Li, Chenyang. "Li as Cultural Grammar: On the Relation Between 'Li' and 'Ren' in Confucius' *Analects*." *Philosophy East & West*, 2007: 57.3.

② 参见：Xunzi. *Hsün Tzu: Basic Writings*. Translated by Burton Watson. New York: Columbia University Press, p.104.

③ Xunzi. *Hsün Tzu: Basic Writings*. Translated by Burton Watson. New York: Columbia University Press, p.100.

必须敏锐地观察我们所处的环境以及与我们互动的人。从根本上说，我们是在展示表演艺术，与我们一起的人是那些一生遵道而行、最具人性的人。我们不断地在学习做人。

《论语》描写了"士"，即致力于遵道而行的学者：

> 士不可以不弘毅，任重而道远。仁以为己任，不亦重乎？死而后已，不亦远乎？（《论语》8.7）
>
> 夫达也者，质直而好义，察言而观色，虑以下人。（《论语》12.20）
>
> 士见危致命，见得思义，祭思敬，丧思哀，其可已矣。（《论语》19.1）

孔子说："士而怀居，不足以为士矣。"（《论语》14.2）他还说："士志于道，而耻恶衣恶食者，未足与议也。"（《论语》4.9）

当谈及礼的时候，我不仅仅指重要的礼仪，如婚礼、成人礼、毕业典礼、葬礼，我们还指我们在简单活动中表现出的行为举止，比如打招呼、请假、分享食物以及我们与同事进行社会交往，包括说"请""谢谢""请原谅"。我们被介绍给他人并与他们握手时，在地铁上给高龄市民让座时，为一个特别好的艺术表演站起来鼓掌时，所有这些都是礼。

这个基本信仰可运用到大多数礼仪中，而不只是重大的礼仪。当我们对马路上一位路过的人说"早上好"，或者当我们打喷嚏时说"祝你健康"时，我们都表示我们走出了自己的"壳"，承认另外一个人的存在，在一个文化传统里发现了伙伴关系。也就是说，这些"小礼仪"是我们社会互动的黏合剂，没有它们，我们的社会生活往好里说会一片混乱，往坏里说会变得残酷。这些日常小礼仪可以做得好或做得不好，可以热情或冷淡，可以无精打采或生气勃勃，可以生硬不得体或优雅体面。试想我们被介绍给他人时不同的握手方式：我们可能甚至不伸出手，而只是向对方点点头；可能敷衍地伸出手，就像把一条死鱼放在他人手里；可能展示自己的力量和自我，手劲很大，把对方的手握得很疼；最后，我们可能紧紧地但不是很强硬地握住对方的手，也许还把左手盖在对方手背上，直接看着对方，面带微笑并真诚地说："很高兴见到你。"因此，就儒家的自我修养而论，礼仪的精神规则不仅仅是制定一些参加仪式的规则，我们还必须进行实践，直到消除自我意识，自然而为。我们必须做得轻松自然，赞美那些参加仪式的同伴，从而体现优雅、热情、尊严和仁心。

如果我们的生活是由那些与我们互动的人构成的，如果他们对我们的幸福和身份认同至关重要，那么很显然，所有礼仪，无论大小，都能在我们成为责任承担者的整个发展过程中起到重要作用。他们必须看见、感觉并理解他们所做的很多事情有利于他人的发展或衰落，就像他人所做的很多事情有利于自身的发展和衰落。受到别人帮助时，我们从小就学会说"谢谢你"，这是一个小礼，但是，从儒家视角来看，说"谢谢你"也是给予一个礼物，我们要承认另一个人是我们的同伴，给我们的生活带来变化，尽管很微小，但使我们的生活更加美好。[①]

从这个角度来说，我们可以忽视有些人的批评，他们认为礼仪约束了自主个体的思想和行为自由，视礼仪为落后和压迫。一些礼仪也许对许多人已没有效果，但总而言之，为了更好地了解如何前行，我们有必要定期进行回顾，并对许多东西进行讨论。

礼仪是公共的"基本原则"，使人们处于与家庭和社团联系中的有意义的、互补的角色和关系中。每一个独特的场合都给我们提供了一种可选择的可能性，让我们获得一种踏实感，并以此引导我们不断调整行为，这对优化这些关系的重要性是很有必要的。这些关系因此得以加深和延伸，并逐渐成为强有力的意义之源。只有在家里开始行孝，然后把这种同样的感情延伸出去，带给社区的其他成员，人们才能在角色关系的互动中变得高尚，并在行为中体现仁心。

作为一种精神训练，参与礼仪有几方面因素，且带有伦理和社会意义。一方面，参与礼仪有利于我们削弱自我，因为我们的行为会受到礼仪的约

---

① 参见：Haines, William. "Confucianism and Moral Intuition." In *Ethics in Early China*, edited by Chris Fraser, Dan Robins and Timothy O'Leary. Hong Kong: Hong Kong University Press, 2011, p.239；Fingarette, Herbert. *Confucius—The Secular as Sacred.* New York: Harper Torchbooks, 1972.

束；形象地说，我们在过去的习俗和传统前弯腰鞠躬，但事实上可能是按照礼仪规定，我们需要弯腰鞠躬。同时，礼仪实践需要训练，就像许多人现在做的瑜伽训练。与之相关的是，礼仪实践的训练可以自然地使行为举止变得美丽优雅，使人们完全地做到无我，最大限度地为伦理和美学的蓬勃发展做出贡献。经过数年的练习和表演，芭蕾舞女演员的舞蹈动作优雅、轻松自如，如果有强烈的自我知觉，哪怕只是片刻想到下一步自己的脚应该往哪里移动，舞蹈也就不会完美了。

最终，对儒家来说，礼仪的社会因素总是处于首要地位，这十分有利于帮助礼的践行者和表演者做好准备，与家庭里的生者和逝者分享某一时刻；如果加倍努力和幸运的话，也许还会有所超越，包括人类的归属感，与过去、现在和将来的人在一起的感觉就像所有人听到贝多芬的第九交响乐《欢乐颂》一样兴奋，尽管时间短暂，但是心理和精神上麻木的人是不会有这种感觉的。我们当然被音乐所感动，但也被"四海之内皆兄弟"这样的话语所感动。

许多人对礼仪、风俗和传统持怀疑态度，认为它们不是在解放人类精神，而是在打垮人类精神，是令人窒息的，是与过去紧密联系的，因此是反进步的，更重要的是，它们不利于人类发展。确实，这种思维模式本身就是西方学术传统的一部分。这些指责有一定道理，每一位有善意的人都必须认真对待它，但是，如果只强调人类历史上礼仪的负面作用，我们就容易忽略这样的事实：比起礼仪、习俗和传统，有更多的人被政府、跨国企业和军队压迫和打垮。我们越不受礼仪、习俗和传统的约束，越多群体就会更快地衰落，我们不再有任何堡垒去抵抗制定法规的国家和跨国企业的压制力。

总的来说，我们要认真对待礼仪和传统，把它们当作我们幸福美满生活的重要方面，因为它们：（1）能把人互相团结起来；（2）在一个不确定和变化太快的世界里，可以成为稳定之源；（3）提供与过去以及将来的联系；（4）帮助我们妥当地转移和控制悲伤；（5）帮助削弱自我；（6）增加社会生活的美感；（7）礼仪在使世俗神圣化的过程中发挥着主要作用。

甚至在逆境中，礼仪、风俗和传统对兴旺完整的人类生活也具有重要性，儒家当然不认为这是改善世界的魔法子弹。但值得注意的是，儒家的分析鼓励我们重新思考我们自己的礼仪、风俗和传统，也许以新的角度看待自我，也许帮助我们回头看看，以摆脱无意义的深渊，而这种无意义越来越成为当代生活的特点，尤其是在美国。这完全是一种灵魂麻木的物质生活，为了购买并不需要的东西，许多人不得不做自己不喜欢或者不满意的工作，最终还是不能得到自我满足。这种行为无疑是在毁灭我们的自然和生活栖息地，会对子孙后代产生不良影响。

我们是这个世界上的幸运儿，过着有趣的生活，但我们在群体中生活的时间很少，更没有时间反思生活的重要性和价值，不适感在与日俱增，因为每天我们都难以忽略这样的残酷事实，即我们获得的许多物质财富都以损失不幸的人的利益为代价。

虽然礼仪、风俗和传统不是医治今日流行的政治、道德和精神瘟疫的灵丹妙药，但它们会是一个极其有益的开端，从而改造世界，使之更适合人类共同生活。[①]就像人类做出的所有具有意义的努力一样，我们的工作必须始于我们现在回归的家庭和家庭成员。

---

① 有时，一种象征和/或仪式能够在短时间内变得有意义，并迅速成为一种传统。姜斐德的《金芒果化大革命象征的生命周期》一文就对近期这种不同寻常的现象进行了举例描述。参见：Murck, Alfreda. "Golden Mangoes: The Life Cycle of a Cultural Revolution Symbol." *Archives of Asian Art*, 2007: 57.

第九章

角色人的家庭生活

我是家族的脸庞；

肉体消失，而我仍在——

任时光荏苒

地域轮转

我独有的特性和模样

永不消失

——托马斯·哈代①

在第七章里，我们着重讨论了时间的重要性——尤其是现在和将来——以理解家庭角色人作为施与者和受益人的发展。我们共同努力培养孩子从婴儿阶段开始就与别人互动，并增加互动过程中的正面情感力量和态度。我们将在本章中继续讨论这个话题，但是我们现在要把注意力转到过去，而不是现在或将来，我们将着重讨论以人为中心的礼仪，这是维系我们与故人关系的基点。我们将提到中国古代纪念逝者的颇具诗意的叙事，然后转到现代社会和家庭。对过去的关注有利于我们更深刻地理解儒家对人类的愿景，看到、感受和理解过去，从而理解我们自己的生活，这种具有延续性的生活在我们出生前就已存在，也不会因为我们的过世而终止，它并不是一个仅限于过去的愿景。

个人死亡

我们如何看待死亡或死亡过程，在很大程度上取决于我们作为人对生

---

① 《遗传》（各版本），1917。

命或生活的看法，尤其取决于我们如何界定和描述自己独特的人格。就人类可预知的道德冲突而言，我们可能会看到自主的个体与角色人之间的迥异。对人而非个体的自我界定反映在对待生死的态度和礼仪当中。

我对死亡方式不做过多讨论，死亡有多种各异的形式，我猜想我的读者对此并不陌生。在本章中，我的任务不是进行比较。比起西方个体如何对待死亡的问题，我更关心中国传统中的角色人可能会如何对待死亡。考虑到与自主个体相关的占统治地位的意识形态以及我们对自由的执着，我们很难不以自我为中心而生活，当然，这使我们更不愿思考死亡——肉体的完全消失，至少，对死亡的思考令人沮丧。

奥尔德斯·赫胥黎直接表达了个人主义者的观点：

> 我们生活在一起，我们共同行动，互相回应，但是，在所有情况下我们始终都是独立的。殉道者们手拉着手进场，他们单独被钉在十字架上。[1]

19 世纪的妇女参政论者伊丽莎白·凯迪·斯坦顿同样直白：

> 我们孤独地来到这个世界……（并且）我们孤独地离开……无论是富有还是贫穷，悟性高还是无知，聪明还是愚笨，高尚还是邪恶，男人还是女人。没有区别，每一个灵魂都必须全部依靠自己。[2]

当然，在西方文化里并不是每个人都这么想，但这确实是大多数人的想法，我可以举出成百上千的例子。同时，如果回到我们在第三章里曾简要提到的关于个人身份灵魂不朽的概念，我们可以看看赫伯特·芬格莱特关于中国文化里肉体死亡的论述，肉体死亡把我们的注意力转移到一个不同的个人死亡的方向，对赫胥黎、斯坦顿以及无数其他人来说，本应重要的孤独感并不存在。

> 其实，人们难以想象死亡是什么样的——没什么可以想象。人们可以想象的是近似的类比——死亡就是与亲爱的人分离。如果一个人

---

[1] Huxley, Aldous. *The Doors of Perception: Heaven and Hell.* London: Penguin Books, 1963, p.12.
[2] Nussbaum, Martha. "In a Lonely Place." *Nation*, 2006: 282.8, p.28.

试图想象死亡的感觉，他就会不知不觉地想象其他歪曲事实的东西。这种歪曲可能不仅反映混乱，而且反映某种无意识但又是故意的自我欺骗，想象自己与其他人分离就是心照不宣地否定自我完全不存在的事实。[1]

中国祭祖仪式

在前一章中，我们看到礼仪在中国古代无处不在，这些经常精美华丽的礼仪，影响人们角色扮演中的诸多因素。在所有的礼仪中，关乎死亡的礼仪最受重视，尤其是父母的过世。通过对葬礼仪式进行思考，我们可以开始欣赏儒家的死亡概念。我相信，我们将会看到，对于孔子及其汉朝以前的弟子来说，扮演角色的生活并非被视为纯粹的从生到死的一系列人生阶段，而是被视为一个人从出生前一直到死亡后的延续。我们还可以看到，从真正意义上来说，永生的概念被建构为修行的结果，随着修行，人们开始看见、感觉和理解自我，如同与先人生活在一起，并且继续与下几代人生活在一起。我们熟悉的敬仰、爱、友谊、责任和礼仪的核心就是这种看见、感觉和理解的开始——然后实现超越。

古代中国对先人的繁复祭祀仪式对今人来说已很遥远，但大多数人还是知道以下对祭祀的简要描述。这段描述来自《诗经》[2]，该书在孔子出生前几个世纪就编撰而成了，孔子经常引用里面的话。这首诗用赞颂的语言描写了为刚去世的族长及其妻子举行的半年一次的节日祭祀：

> 济济跄跄，洁尔牛羊，以往烝尝。或剥或烹，或肆或将。祝祭于祊，祀事孔明。先祖是皇，神保是飨。孝孙有庆，报以介福，万寿无疆！

---

[1] Fingarette, Herbert. *Death: Philosophical Soundings*. Chicago & La Salle: Open Court Publishing Company, 1996.

[2] 此为节略和修改后的诗歌译文。原文参见：Legge, James (translator). *The Chinese Classics*. Shanghai: Kelly & Walsh, 1895. 此处选自该丛书第4卷《诗经》中的第209篇。

执爨踖踖，为俎孔硕，或燔或炙。君夫莫莫，为豆孔庶。为宾为客，献酬交错。礼仪卒度，笑语卒获。神保是格，报以介福，万寿攸酢！

礼仪既备，钟鼓既戒，孝孙俎位，工祝致告，神具醉止，皇尸载起。鼓钟送尸，神保聿归。诸宰君妇，废彻不迟。诸父兄弟，备言燕私。

乐具入奏，以绥后禄。尔肴既将，莫怨具庆。既醉既饱，小大稽首。神嗜饮食，使君寿考。孔慧孔时，维其尽之。子子孙孙，勿替引之！

这首诗里有几点值得注意。首先，这是庆祝活动。家族聚在一起共同祭奠祖先，在这种情况下，人们庆祝祖先去世周年纪念日，万事如意，人人欣喜，现场气氛的审美性和社会性并不亚于家族性。祖先祭拜在《诗经》之前就出现了，是儒家礼仪的核心，也是早期儒家信仰的核心。

接下来，我们可以看到参与礼仪的每个人所扮演的后代人的角色。仪式的独特之处（至少，第一眼看起来）在于亡灵受祭的仪式，汉字中的"尸"就是英文中的"corpse"（尸体，"尸"在颂诗里就是"死者的代表"）。一位年轻人，通常是逝者的孙子或孙女，为逝者"守灵"。在此之前，逝者的后代参加净化仪式，为他们在祭奠仪式上扮演的角色进行准备（我在后面会对此做进一步阐述）。一般会在祭奠仪式上为逝者献上贡品，并常常通过吟唱者，希望逝者为所有提供贡品的后辈祈福（这似乎是逝者的义务，如果仪式正常进行的话，以表达适当的尊重与爱意）。[1]

这样的仪式当然缩短了生者与逝者的距离。祖先如此受到尊重是因为我们都认同自己的家庭，认同自己是家庭的一部分，而创建了家庭并给予我们生命的前辈显然对我们有生养之恩。

这首诗里还有值得注意之处，就是代际性。逝者的后代很多，年龄各异，通过参与传统悠久的仪式，我们不仅与过去保持联系，而且能为未来一代人举办仪式、仪式表演以及仪式传承做好准备。因此，这不仅仅是与

---

① 在《礼记》的上下文和说明中都进行了描述。

仍然健在的家人的一种感情纽带，从更高层次讲，儒家仪式还是连接所有亲人的感情纽带，包括过世的家人以及未来的一代。换句话说，这是我们自己之间的团聚，也是与过去和未来的团聚。

我们也许会问——几乎是情不自禁地问——诗中的中国古人真的相信祖先的神灵在分享贡品吗？当孔子的学生子路提出相似的问题时，孔子提供了一个不是答案的答案：

> 季路问事鬼神。子曰："未能事人，焉能事鬼？"
> 曰："敢问死。"曰："未知生，焉知死？"

但是，我不认为他对这些问题保持缄默的行为是一种逃避，因为他关注的焦点从来不仅仅是死的问题，更是如何将生死关联起来。《礼记》中的一些简短文章描写了祖先祭祀前主祭举行的净化仪式，这在先前有过富有诗意的描述。我们现在进入儒家永生观的核心：

> 祭之日，入室，（僾然必有见乎其位）……是故先王之孝也，色不忘乎目，声不绝乎耳，心志嗜欲不忘乎心。致爱（则存，致悫则著……）（括号中为译者补充内容）①

面对此类信息，关于鬼神、作为鬼神的灵魂和灵魂的存在的问题对我们理解孔子而言无关紧要。更重要的是，我们要考虑到儿子如何向他父亲学习净化礼仪。家主一定会恭敬、谦逊、专注、慈爱，尤其是孝敬，在整个过程中，履行服务和效忠的责任，以给儿子树立榜样。同样，在照顾父亲时，儿子也是孝敬、尊重、顺从和充满爱心的。更重要的是，父亲知道，有一天，儿子会"看见"他及其母亲，就像他"看见"自己的父母。早期儒家不遗余力地捍卫家庭观念，使得所有家庭成员都能牢记在心（肯定是男性多于女性，但是传统和出席仪式可以并且应该通过协商来改变。）

当然，这种意识及其心理影响也能在西方被发现，但通常是一种衰退的形式。我们经常去墓地祭拜去世的祖父母、父母、兄弟姐妹、配偶、情

---

① 《礼记》第2卷，第210—211页。

人或者朋友，这是共同之处。面对墓碑，我们多数人会对安葬在墓地里的人说些话，通常会说出声来，如果我们是一个人或者只与亲近的人和逝者在一起。在这种情况下，如果有人问我们："你认为你在和谁说话？"我们可能会感到恼火、不知所措并且尴尬。我们认为发问者不够体贴，觉得不可思议，所以会恼火；在这样的场景下，我们也会不知所措；我们觉得尴尬，因为我们知道，逝者已听不见我们说话。我们知道他们完全而彻底地死了，回不到我们身边：我们知道他们的一点点骨灰埋在我们的脚下。但是我们与他们说话，为什么？如果能回答这个问题，我们就会对儒家的劝说有深刻的理解，在我看来，这是对人类生死的现实构想的理解。

我认为，全部或者部分这样的生活对两千多年前的中国人开放，也对今天的人开放，无论他们是否相信永恒的心灵，甚至包括那些否认每个人都扮演角色这个概念的人。总而言之，这是以人为中心的精神。因为它没有自己的神学或玄学，而是基于日常经验，所以不会与任何信仰或物理学和生物学法则相冲突。因此，从某种程度上讲，每一位能看到其价值的人都可以扮演角色，并愿意在家里努力实践。角色人更容易做出努力，因为他们成熟后会从角色赋予的责任中获得满足感，并开始更加轻松地承受责任带来的负担。为了进一步阐述这些道埋，现在让我们从古代中国家庭和家族回到当代世界中我们自己和其他人的家庭。

当代家庭价值观：铭记逝者

在今天，我们很难举行上述古代家族祭奠仪式和盛会，原因有很多，但首要的问题是费用，另一个问题是心理效能要求集体记忆。然而，尽管这些有关家族聚会的文字无法重演，但如果我们认真对待，还是有很多机会可以捕捉到其精神的。[①]

我们是谁？我们是什么？就像中国人所做的一样，这些问题也许要相当直接地追溯到我们的祖先，无论我们是否关注这种联系。从我们的外貌到母语，从我们的民族到我们经历过的社会化过程中的具体事物，祖先的

---

① 对于中国人来说最接近的类比，可能是除了婚礼和葬礼以外，每年一次的家庭聚会。

影响都十分重要。我们对食物、音乐、着装、爱好等的品位通常可以直接追溯到我们的父母、祖父母及其祖父母，在许多情况下，我们也可以把这方面或更多其他方面的憎恶直接追溯到他们那里。我们每个人都有可能与我们的祖父母或曾祖父母中的一位相像，我们的整个基因构成直接遗传自他们。无论是否喜欢，我们都具有家族血统，更重要的是，都有一个家族历史（也许不止一个）。因此，我们对家庭的过去了解得更多，接触得更多，就可能更好地知道我们现在是谁，并想象我们过去可能是谁，以及将来应该成为什么样的人。[①]

这一点对富裕的、有权势的名门望族来说是显而易见的。洛克菲勒、福特、肯尼迪、布什以及范德比尔特家族的每个人都必定有很强的身份意识，一种归属于某个特定团体和特定历史的意识。他们中的所有人都有可能不仅能说出其四位祖父母的名字，还能说出八位曾祖父母中大部分人的名字。相对而言，我们中没有几个人能做到。但是，我不是在歌颂势利，因为这适用于所有家庭，即使贫困、逃难或移民等不幸致使有些家庭连两代家系都难以维持。在我们的家族里，一定有一到二位英雄，可能偶尔也会有个恶人。他们的好名声或臭名声可能远扬或仅限于当地，但是，对家族成员而言，家族的所有历史都应该被视为特殊而重要的。为了获得家庭及其历史（每个家庭都有历史）的归属感，我们必须了解历史，尤其是创造了历史的祖先的生活。我们需要了解我们的家庭背景，仔细聆听祖父母及其兄弟姐妹和朋友讲给我们的故事，翻看老照片，或者做一点家谱考证工作。知道了我们来自哪里，我们就有了主要线索，可以认识到我们是谁，可能成为什么样人，以继续让家史发展，而且对此做出贡献。

了解家史不是为了证明挂在前门的家族盾形纹章，尽管家系和纹章是非常重要的事业。我们研究自己的身世，并不是为了炫耀与我们相关的某个英雄，如果那位祖先没有产生任何影响，那么我们就没有什么可以炫耀。而且，舅公汤姆也许是西部边陲的一名好警长；也有可能是一位盗马贼，被

---

① 还应注意的是，此处的"我们"并不仅仅指美国人，还包括各种信仰、各个种族的所有人。

西部边陲的一位好警官绞死。①

　　如果我们仔细聆听早期的儒者，他们会告诉我们，除了偶尔举行祭祖仪式外，可能没有更好的方式能带来这种角色感、归属感和家族延续感，对于父母和祖父母来说尤其如此。父母应该在孩子当中传输身份认同和家庭（一个或者更多家庭）及家史的归属感，这是父母这个角色的重要责任。我们必须对自己的父母及祖父母显示我们的责任心，教育我们的后代，告诉他们责任不会因为祖先的离去而停止。对先辈的记忆不能因为时间而被完全磨灭，这是我们对先辈承担的责任。所以，为了给孩子们树立应有的榜样，我们可能偶尔会举行祭祖仪式。祭祖可能在整个文化中流行，或者更加具有地方性，或者仅仅是自己的家庭特有的传统，或者我们可以自己发起一个仪式，以传给我们的孩子。在 21 世纪，完善而合适的做法是设立对家庭祖辈们的纪念日。通过继续承担我们的责任，举行祭奠仪式，怀念过世的父母和祖父母，我们能够丰富孩子们的生活，以及我们自己的生活。没有血缘关系的新家庭可能会在集体家庭的创始人逝世一周年纪念日里为他举办一个祭奠仪式。照片、家庭电影、光碟等现代技术更便于我们纪念逝去的亲朋好友们，同时还使我们可以运用各种各样适合的仪式来开展纪念活动。但是，我们应该完全以负责任的角色人的身份来纪念逝者，而不是以自由、自主的个体身份。

　　祭祖仪式是黏合家庭的一种形式，但又不仅仅如此。更重要的是，它们对角色人的生活极其重要，关乎那些特定祖先的纪念，悲伤虽已减少，但永远存在。对于自主的个体来说，这种心理也许很难理解。我们暂且把角色人放在一边，来仔细想一想艾米·奥伯丁关于失去亲人后应如何处理悲伤的论述：

　　　　如果我们把自己与别人的关系当作丰富的生活和性格中的组成因

---

① 或者说，一位祖母收养的女儿曾是一名吸毒者和酗酒者，她的亲生母亲也是一名吸毒者和酗酒者，而她的外祖母也是如此。这个故事来自洛伦·伦德于2014年7月22日星期二在《每日科斯》上发表的《有问题的人有问题》一文。在家族史中，并非每一个故事都很光彩，但无论如何，我们的家族史都已经存在。伦德所讲述的这个深刻的故事也是在向自由主义者发问：家族历史问题导致的每一代的牺牲品应归咎于谁？

素，我们的生活就可能会因为失去他们而变得脆弱，我们不能把我们
的幸福与伴侣的幸福分开。所以，任何有助于减少痛苦（悲伤所致）
的技巧……比如允许自己摆脱依恋的行为，将意味着我们通过背叛来
维系丰富的生活。[①]

　　儒家父母在教育孩子恰当地扮演其角色时可以使用的一种教学法就是言
传身教。父母自身便是恭敬的孩子，对其在世的父母表示敬重，当其父母去
世并成为家族祖先时，他们仍难以忘记自己的父母。他们从小就懂得，教会
孩子顺从和敬重的最好方法是不显示出奴性，并注意观察长者的敬重行为。

　　我希望，当我说我们对逝者也负有责任时，你不再感到奇怪。我认为，
即使是无神论者也能够理解要对亲戚或朋友甚至是陌生人临终前的承诺负
责。我们必须保护逝者的名誉，不能让人轻易玷污。在慈爱的家庭里长大
的每一位子女都要许下"承诺"，他们不会忘记父母，即使只是在心中。我
们不是也要让我们的孩子承诺不会忘记我们吗？在反思什么是幸福和美好
生活的时候，大多数西方哲学家忽视了仪式，尤其是家庭仪式。然而，仪
式能够形成家庭的基本纽带，极大地影响我们的自我身份认同[②]，以及我们
的自我价值感，并能够提供治愈悲伤的有效方法。

　　作为家庭成员，尤其是当我们成为父母的时候，我们感觉到自己的角
色具有了更多的意义，这并不亚于道德、社会和政治意义。为了承担对孩
子和父母的多重责任，我们必须用心观照现在、未来以及过去，这使我们
感觉自己与过往紧密相连，能够看见现在是什么，明天会发生什么。我们
与永恒擦肩，短暂而重要，此时此刻，就在这个世界。

① Olberding, Amy. "Slowing Death Down: Mourning in the *Analects*." In *Confucius Now: Contemporary Encounters with the* Analects, edited by David Jones. Chicago & La Salle: Open Court Publishing Company, 2008, p.140.

② 史蒂文·盖斯也指出了在政治领域中认识到穿越时间的重要性。虽然他认为这可能
是一把双刃剑，但他讨论到了在民主制度中一种与年纪相关的参与遵从模式，这样
写道："让人们在穿越时间之旅时，对自我（或至少是政治自我）有一定的明确思
考，这可能会鼓励他们对政治问题产生更为长久的看法，并且可能会让他们在多年参
与民主制度而逐渐增强影响力后，仍然保持耐心、考虑周到。"参见：Geisz, Steven.
"Aging, Equality, and Confucian Selves." In *Value and Values: Economics and Justice in an
Age of Global Interdependence*, edited by Roger T. Ames and Peter D. Hershock. Honolulu:
University of Hawai'i Press, 2014.

提及这些可以在家庭生活中学到并践行的有关生死的洞察力，我们要感谢早期的儒家追随者。在商朝，祭祖不仅仅是为了表达崇敬之情，因为在人们的信念中，一来先人能够直接给后代带来好运或厄运，这取决于祭奠仪式办得好不好，二来凡人不能直接与诸神讲话以祈求好运，但祖先可以。[1]

这里还有另外一个例子，与当今的思想高度相关，体现了早期儒家追随者的特殊才能，尤其是其社会、政治和经济洞察力。当我们认真地重新思考家庭时，他们能给我们带来启发；他们也向我们表明，祭奠仪式和风俗能让我们感动、满足和持续发展。孔子说，我们必须"祭如在，祭神如神在"，但他又很快添加了以人为中心的因素："吾不与祭，如不祭。"（《论语》3.12）孔子清楚地表明，仪式的获利方是活着的人，而不是逝者或神明。[2]

就此而论，值得注意的是，当孩子长大后，早期家族史上的祭祖方式可能会有所改变，变得更加民主，就像在第七章中勾勒出来的不太重要的家庭决策。仪式可以变革，以与现代情感相符合；纪念日可以改变，以适应家庭成员的时间。重要的是仪式、纪念本身，这些仪式的确发挥了有效作用，能够感动我们，并且通过一起修改礼仪和做出决定，参与者之间的关系得到了巩固。

我相信，只有那些能够感受到自己与其他人的相关性和互相依赖性的参与者才能充分获得仪式和传统带来的满足感，从而将自己定义为扮演角色的独特之人，而不是自主的、自我的个体。但是，就算对个体而言，参加仪式也有好处，因为所有仪式都不会与科学发现相冲突，所有仪式也向所有人开放，无论他们有无信仰，以及拥有何种信仰。仪式旨在丰富人们的生活，尤其是丰富家庭成员的生活。苏格拉底曾说过一句著名的话："所有的生命都是在为死亡做准备。"我相信，孔子会补充说："你不应该独自一人做准备。"如果没人知道我们是谁，我们就真的是死了。

---

[1] Keightley, David. *These Bones Shall Rise Again: Selected Writings on Early China.* Albany: SUNY Press, 2014, pp.89-93.

[2] 有关参与丧葬仪式心理的进一步讨论，请参见：Rosemont, Henry Jr. "On the Non-Finality of Physical Death in Classical Confucian." *Acta Orientalia Vilnensia*, 2007: 8.2. 另请参见：Olberding, Amy. "Slowing Death Down: Mourning in the Analects." In *Confucius Now: Contemporary Encounters with the* Analects, edited by David Jones. Chicago & La Salle: Open Court Publishing Company, 2008.

第十章

超越家庭的角色伦理

没有人是一座孤岛。

——约翰·多恩①

在最后一章，我想提出一个想法，即家庭生活中角色伦理的生存之道也许对社会、政治和精神伦理同样重要。我将谈到四个方面，并分别予以概述，即角色人如何超越家庭以使精神得到发展，如何减贫，如何用不同方式获得正义以实现社会和谐，以及为什么角色人可以更有效地与来自不同文化的人对话沟通。在每一个案例中，我说的话都只能作为一种启示，当然，在很多其他方面，角色伦理可能会提供解决问题的方案，而这些问题作为个体的人是看不见，或者几乎看不见的。

超越家庭的自我精神修养

西方知识界直到不久前仍对儒学置若罔闻，其原因是儒学看上去只是以家庭为中心，其支持者和践行者不关心家族外的人，或者不参与公民事务，古代中国史就被用来作为此论断的证据。这种说法有一定道理：人们期待每个家族都尽可能地照顾好家人，我们会认为在古代中国，像当今一样的社会组织少之又少。②

但是，即使从我们所认为的现代政治意义上的社会组织来看，这种说

---

① Donne, John. *No Man Is an Island*. London: The Folio Society, 1997.

② 约瑟夫·列文森的著名作品常被引用以支持这个基本观点。列文森在事业顶峰期逝世，我尊重他的著作，尽管在很大程度上我不同意他对儒家思想与现代化关系的许多解读。参见：Levenson, Joseph. *Confucian China and Its Modern Fate: A Trilogy*. 3 volumes. New York: ACLS, 2006.

法也顶多对了一半。有很多事情是家庭和家族做不了的，需要政府来推动实施，比如，严冬过后要重建长堤，把食物和种子从富饶之地运到受洪水或干旱影响的地区。因此，许多农民交付部分或很多劳动所得税，以便政府每年都有数天时间来提供公共产品，这是一种强迫劳役制，但当然属于社会活动，即便是强制性的。更重要的是，儒家教育的目标之一是为服务政府做准备。在中国历史上的大部分时期，有些通过科举考试的人并没有成为政府官员，却留在自己的家乡帮助地方官员承担许多工作：给人们讲经典、在学校教书、饥荒期间在施舍处帮忙、地方节假日期间举办各种仪式等等。

另外，在中国历史和文学著作中，有很多关于社会活动的描述，如帮助家族外那些遭遇不幸的邻居，合作收获庄稼，帮助陌生人。这些都说明社会活动还是很常见的，不像批评家所说的那样。但是，有一点很重要，儒家经典希望角色人过上美好的生活，提倡只关心家庭，而这无异于提倡顺从，而不是抗议。顺从当然是中国历史上好几个阶段的常态，但当顺从被认为会导致荒唐或者更加糟糕的结果时，儒家经典也不排斥抗议。同样，许多中国人尤其是贫穷的农民看重家庭，但这并不意味着要否定儒家经典对家庭以外朋友的重要性的讨论；相反，儒家经典也探讨如何与朋友相处并向他们学习，以及他们对全人类生活的重要性。同时，儒家经典也强调每一位政府部门公务员的责任，劝导他们以天下为己任，提升自我修养。

这些规则属于我们所认为的政治领域；重要的是，每个人都应该拥有一个基本愿望，那就是当他离开这片土地时，发现它比来时更好了，或者如果来时当地治理状态就很好，那就保持原样。如何有效地完成这项任务？我们常常引用《礼记》的一个小章节。《礼记》是有关祖先祭祀前净身仪式的礼制，我们在前面引用过。《大学》[1] 称，为了服务世界，我们必须缩小关系的圈子，从学会服务更小的团体开始，然后是家族、家庭，最终提升自我修养，包括行为、动机和情感，按照合适的顺序安顿好自我后，再进一步提升自我。然后，我们才适合为人民服务，尤其是为饥饿者和病人服务。

---

① 《礼记》，第42章。整篇英文文章只有8段。这是最早用于传统课程的经典。

我会再回到这个政治问题，但现在让我先来谈谈《大学》给我们的教导及其体现的精神。

前面我简要地提到过，我们的生活从扮演角色开始，并在家庭中促进角色形成，同时，必须超越家庭。儒家著作中最常见的两个关系是朋友关系和君臣关系，我们对此并不熟知。如果我们在帮助别人成功的过程中成就自己，我们的朋友也会成长。对于成年人来说，越来越多家族以外的友谊不仅限于同等身份的人之间；在大多数情况下，这种友谊也包括老年人和小孩子。我们以家人之间的相处模式与这些人相处：我与祖母的关系是我与所有老年妇女相处的基础，我与孩子的关系使我更加容易与其他孩子互动并产生感情。圣人站得最高，也与所有其他人和谐相处。圣人少之又少，但他们确实存在。《论语》中提到，他们"施于民而能济众"（6.30），"信道不笃"（19.2），因为他们不懈努力，心系苍生，其他人"畏圣人之言"（16.8）。关于礼，荀子进一步指出，只有圣人才能"怀柔百神"。[①]

我认为，特别值得注意的是，儒家思想中最高的情感是如何从我们西方人所说的道德（也许是政治）中生发出来的。有道德的生活当然足以促进精神发展，但是儒家把道德当作必需的条件，认为道德是获得精神归属感和与周围环境调和的唯一手段。据我所知，儒家思想独一无二。也请记住，儒家传统中没有独居的和尚、尼姑、隐士或隐居修道者。没有了他人，儒家的精神修养就无法实现。

我们是所有具体的人与人之间关系的一部分，与死者和生者都有互动关系，礼（礼节、风俗和传统）发挥了媒介的作用。正如我们无法摆脱的紧密相连的历史所示，这些礼是我们共享的。对于早期儒学来说，这些角色和关系赋予了我们责任，如果承担这些责任，我们就是遵道而行。这是大道。通过与别人互动的方式，我们将在生活中清楚地找到（我们所说的）道德方向，但我们将融入所有而不是一些行为和人际互动中。人际行为受谦卑、尊重、慈爱、风俗、礼节和传统所支配，这种道德行为也让我们的生活产生美感，无论是对我们自己还是他人来说都是如此。早期信奉儒家

---

① Xunzi. *Hsün Tzu: Basic Writings*. Translated by Burton Watson. New York: Columbia University Press, 1963, p.110.

思想的人一方面通过承担对年长者和祖先的传统责任，另一方面通过承担对同辈人和后代的传统责任，达成不寻常但真正的精神超越。这完全不是超脱尘世，而是超越我们生存的这个具体的时空环境，赋予我们分享的人性，因此，我们有了强烈的延续感，并知道了前世和来生。

任重道远，死而后已（《论语》8.7），这需要付出代价。代价很高。如果我们是真正的社会中的人，如果这是我们不得不过的唯一生活，那么，把自己看作角色人必然优于把自己看作权利持有个体。这当然又促使政府承担责任，给穷人提供广泛的社会福利服务。两千多年后，其他国家的政府才开始这样做。

论贫穷

现在让我们回到《大学》的政治问题，我的目标与前面所述的一样，是讨论精神层面的提升：说明一个充满了负责任的角色人的世界是怎样的，它为什么与一个充满了自由自主的权利持有个体的世界有所不同。在当前广泛的罪恶中，贫穷问题尤其突出，这无疑是困扰许多国家和社区的暴力产生的最重要原因。如果我们提高了阻止死亡的能力，我们也就提高了扩散死亡的能力，而且这种能力会更强。虽然人类财富在以指数方式增长，但从整个世界人口比例来看，却有更多的人饿着肚子睡觉，这在人类历史早期未曾有过。为什么贫穷会长久持续？

孔孟之后，伟大的古代儒家人物荀子从理论和实践上对儒家历史进行了总结，指出了一个基本关切："进则近尽，退则节求。"[1] 这个简洁明了的观点说明，人们清醒地意识到了中国气候、地形、土地和河流的严酷环境。在这种环境下，对中国人来说，强尼·阿普尔西德或者伊甸园比民间故事里

---

[1]　Xunzi. *Hsün Tzu: Basic Writings*. Translated by Burton Watson. New York: Columbia University Press, 1963.

上下翻飞的可怕的龙更难以置信。①

在古代中国，贫困从未缺席"百家争鸣"中的任何一派思想。比如，面对荀子的声明，道家的解决方案是减少欲望，或者至少根据非物质的思路重新排序，坚信人人都能拥有足够的基本物质。

此外，儒家追随者相信，安排有序的社会合作可以使东亚地区创造出富饶的物产，足够养活大多数人口，同时给人类生活提供物质财富。关于君子和君主，让我们再次引用荀子的观点：

> 强本而节用，则天不能贫；养备而动时，则天不能病；循道而不贰，则天不能祸。故不旱不能使之饥，寒暑不能使之疾，妖怪不能使之凶。②

另外一派古代思想家"法家"提倡使用严厉的法律和惩罚手段，以确保人们不要纵欲，从而维持国家的秩序。儒家代表人物孟子对此予以回应：

> 及陷于罪，然后从而行之，是罔民也。焉有仁人在位罔民而可为也？是故民君制民之产，必使仰足以事父母，俯足以蓄妻子，乐岁终身饱，凶年免于死亡。然后驱而之散，故民之从之也轻。③

孔子本人对通过法律和惩罚来创造或保持一个体面的人类社会的观点更加怀疑：

> 道之以政，齐之以刑，民免而无耻；道之以德，齐之以礼，有耻

---

① 在吉德炜的著作《遗骨重生：吉德炜早期中国研究选集》中，他指出，在中国历史上的新石器和早期时代，无论是中国北方还是南方，都是肥沃的土地。参见：Keightley, David. *These Bones Shall Rise Again: Selected Writings on Early China*. Albany: SUNY Press, 2014, pp. 78-80. 但是，到了哲学家时代（公元前5—公元前2世纪），一切都发生了变化，因此，我们在前面提到过的《孟子》（6A8）中读到其对山坡森林砍伐的悲痛（第164页），后来，在一篇有关消除迷信的文章中，荀子说："物之已至者，人祆则可畏也；楛耕伤稼，耘耨失岁，政险失民，田秽稼恶，籴贵民饥，道路有死人，夫是之谓人祆。"（Xunzi. *Hsün Tzu: Basic Writings*. Translated by Burton Watson. New York: Columbia University Press, 1963, p.84.）
我从未在西方哲学经典中读到过此类表述。

② Xunzi. *Hsün Tzu: Basic Writings*. Translated by Burton Watson. New York: Columbia University Press, 1963, p.79.

③ Lau, D.C. (translator). *Mencius*. London: Penguin, 1970, p.58.

且格。(《论语》2.3)

他进一步指出：

> 能以礼让为国乎，何有？不能以礼让为国，如礼何？(《论语4.13》)

在此处，我们注意到家庭概念是如何贯穿在有关政府有责任为人民谋幸福的思想中，以及合理分配责任所需要的政策中的。虽然古汉语里没有与英文的 justice 相近的词，但我相信我们不难发现，其核心思想是社会公正分配方案的取得。孟子的话值得注意，人们往往把贫穷"怪罪于受害人"，从而拒绝减贫，而孟子让这种论点没有立足之地：

> 老而无妻曰鳏，老而无夫曰寡，老而无子曰独，幼而无父曰孤。此四者，天下之穷民而无告者。文王发政施仁，必先施四者。[1]

早期儒家学派不把国家和家庭对立起来，而是认为两者互相补充。用当代民主话语来讲，如果我们希望生活在一个提倡人人承担慈父般责任的国家里，那么这个国家应该确保每个人都具备必要条件，如教育、工作和健康，以便让每个人都承担起责任。同样，国家必须对那些无家可归者的幸福承担责任。再来看看荀子对君主的劝诫及其坚持的非凡政策：

> 虽王公士大夫之子孙也，不能属于礼仪，则归之庶人。虽庶人之子孙也，积文学，正身行，能属于礼仪，则归之卿相士大夫。五疾，上收而养之，材而事之，官施而衣食之，兼覆无遗。[2]

在很早之前，古代中国已经有普遍的健康保险、医疗保险、公共医疗补助制、雇员赔偿、食品券和社会保障，另外，精英体制代替了官场的财富追求和裙带关系。同样值得注意的是，荀子具有敏锐的洞察力，坚持认为政府有责任保障穷人的就业。大多数福利项目的问题主要是给予和施舍，

---

[1] Lau, D.C. (translator). *Mencius.* London: Penguin, 1970, p.65.

[2] Xunzi. *Hsün Tzu: Basic Writings.* Translated by Burton Watson. New York: Columbia University Press,1963, p.33.

但自重者往往不愿意只成为一个受益者。当我们也有条件成为施与者时，尊严、尊重、愉悦和幸福才能随之而来。

在西方，几乎没有与以上观点对等的思想。苏格拉底在建构其理想政府时考虑甚多，但没有想过是否总是有足够的食物来分给每个人。富裕的雅典人把财富用于建造宗教庙宇和举办体育比赛，而不是养活穷人。后来，古罗马皇帝给穷人发粮食，但仅此而已，在罗马地区以外则很少见。21 世纪，在世界上最富有的国家，绝大多数公民都会反对荀子所倡导的一切主张。如果不是对何为人类以及何为一个好社会的不同理解，又有什么能导致这样的反差呢？两千多年前，世界上没有任何一个地方的政府会提供如此大规模的社会福利，那么还有什么因素能促使这些哲学家坚持认为政府有责任为穷人提供广泛的社会福利呢？无论是过去还是现在，自主权利持有的个体当然能够而且也确实在为穷人辩护。但是，自由、独立、自主和个人责任不能诱使人们往那个方向发展，这需要有互补的思想。角色人从一开始就有这种互补性。我们可以看到，两种人类观的差异显而易见，这对解决相关问题，即正义的问题，具有重要意义。

应报式正义和修复式正义

总体来说，西方每个地方的法律制度都不一样，尤其是在道德理论方面，但是多数都以个人主义为基础。因此，对何为人的问题的不同解释导致了人们对待法律和正义的不同取向，这与个人主义取向不一样。在角色人社会里，正义或法律的概念是如何界定的？我无法对此做出公正的评价。但是，通过观察日益增加的骨肉相残的暴力的一小部分但也是重要的部分，我可以就法律功能外的另一种观点给出一些提示：真相与和解委员会。

先从南非开始。隔离政策结束后，真相与和解委员会成立，以调解种族、民族等斗争，这些争斗强烈冲击了许多民族国家或者正在形成的国家。至今还没有成功案例。显然，在许多其他国家和地区或者在不远的将来，需要更多和解委员会。①

然而，当一个特定的群体或者被罢免的政府制造了大范围的暴力和杀戮时，这些地方需要真相与和解委员会。其他国家也需要这样的委员会，因为政府进行的非法和反道德活动会造成恶劣后果，致使许多无辜百姓遭殃。

同样，美国也需要有这样的委员会。如果没有这样的委员会，美国是否能够重获以前的世界地位？这是值得怀疑的。当然，政府授权给这样一个委员会的机会几乎为零，但是，如果能做到的话，世界是否会向更好的方向发展？

但真相委员会与和解委员会并不一致，因为就目前的构成而言，两个委员会的目标是不同的，这两个目标也不完全兼容。一方面，要还原行为和行为者的全部真相；另一方面，要调解双方的冲突和矛盾。这对任何委员会来说都难以实现。两个目标都是在寻求正义，但概念的界定必然有所不同。

为了"将犯罪者绳之以法"，受害者家属等做出艰苦努力，还原犯罪者的邪恶真相。这获得的当然是应报式正义，但无论程序多么公正，多少都会被看作复仇，复仇很少能产生和解。和解对角色人会更有吸引力，他们对人的基本概念不是对自己行为负责的自由个体，而是与家庭和社区互相依赖并存的个体。

真相委员会追求应报式正义，而和解委员会致力于修复式正义，我们必须强调两者的区别。前者基本上依靠来自法律的概念，而后者需要来自信仰的概念。但是，适合广泛应用的合适概念无法采纳任何一种特定的教义，如果和解委员会要对跨文化有效性进行公平衡量；而这种公平衡量对人们客观评判他们的行为是有必要的。在这里，儒家的角色扮演能够再次帮助我们。

---

① 其中最著名的是第一个。对此话题感兴趣的读者应该熟悉《南非真相与和解委员会报告》。参见：Tutu, Desmond and Commissioners. *Truth and Reconciliation Commission of South Africa Report.* New York: Palgrave Macmillan, 1999. 关于该话题，较好的评论和详情参见：Rotberg, Robert and Desmond Thompson (editors). *Truth V. Justice: The Morality of Truth Commissions.* Princeton: Princeton University Press, 2000.

在许多情况下，正义必须在和解之前到场，但是如果以应报式或司法正义为主，那么纯粹的检察工作或许应该交由国际刑事法庭来处理，而不是内部处理，以便确保程序不会因为不同党派或腐败势力的指责而受到影响。此外，如果委员会的首要目标是和解，那么国家真相委员会可以实现国家和解，犯罪者、幸存者和受害者的家属一定会与委员会一起积极参与到程序中。然而，在非复合式的、寻求正义的真相委员会中，只有委员会成员自己需要积极投入，犯罪者、受害者和幸存者及其家属在程序中可能是被动参与者。

如果追求真正的和解，我们一定不能仅仅劝说犯罪者坦白对受害人所犯罪行的真相。如果犯罪者明显是错误的，那么我们还必须要求犯罪者承认他们的行为是错误的（"错误"一词在此不是一个表示毫无希望的相关术语；如果一个国家内部在很长一段时间内没有对犯罪达成一致，那么，这个国家的内部就不能呼吁真相与和解委员会的建立）。如果人们的主要目标是和解，而不是结束敌对状态，那么没有一个国家能够赞同一个外部委员会的建立。

认罪必须通过传统的方式来实现，而不是通过当代的法律方式。从法律上讲，只承认"这是我做的"就够了，不需要懊悔和道歉。如果一个真相委员会开始像一个刑事法庭一样工作，以寻求正义为目标，那么甚至连"这是我做的"都不需要说了，因为我们都有权利——或者应该有权利——保持沉默。根据多数现代国家的法律，面对我们的原告，我们可能完全处于被动状态。

忏悔即说出真相并承认错误，它会带来同样积极的悔过行为。从传统意义上来说，忏悔就是公开承诺不重蹈覆辙，紧接着一定产生另外一种积极行为——赎罪：通过物质以及其他方式设法弥补悔改者造成的损失。在我看来，与以认罪态度或惩罚为主的非修复型行为相比，这种态度和行为更有利于和解，成效更好。

要理解为什么会如此，我们必须牢记：和解需要（至少）双方走到一起，因此受害者及其家属一定会积极参与，他们有时很勇敢，促使真相委员会主要用和解的方式解决问题，而不仅仅寻求应报式正义。这只不过说了大白话，宽恕行为不亚于忏悔，悔过和赎罪对和解都非常重要。幸存者和受害者家属必须把犯罪者看成另外一些角色人，而不仅仅是遭报应而必须被惩罚的个人。他们要努力消除报复的欲望，他们要思想开明，看到将来在与犯罪者的关系中，自己可能成为施恩者或者受益者。

换句话说，如果真相委员会的目标只是寻求法律正义，那么完全不需要犯罪者的积极参与，受害者也可能仍然是被动的旁观者，除了描述谁对他们做了什么，他们再也做不了其他事情。严厉惩罚（应报）的威胁越大，犯罪者越不可能说出真相，并且越会试图用某种方法为自己辩解（"只要目的正确，可以不择手段""我只是在遵从命令"等等）。面对这样的行为，多数受害者不愿意宽恕，这也不足为奇。在这样的情况下，如果和解或者正义随之而来，那就几乎是奇迹了。

如果真相与和解委员会成功地使犯罪者忏悔并且希望赎罪，那么他们最终将会寻求救赎。但是，对罪犯来说，定罪后坐牢的判决并不能让他们得到救赎；而对受害者及其家属来说，如果他们在程序中只是被动的旁观者，他们就几乎不可能得到修复型正义。但是，如果委员会工作得到了很好的执行，那么受害者及其家属将通过宽恕而成为犯罪者的救赎人，更新他们自己的生活意义，同时也帮助犯罪者改邪归正、重新做人，最终一起获得修复型正义，实为公正的举措。

就地方官员的职责而言，我们可以从中国的儒家思想中获得有益的借鉴。当然他不得不维护法律，维护刑法，还发挥许多作用，更多的时候他是仲裁人，而并非法官或审判官。其主要任务是解决家族、家庭或乡邻之间的纠纷和冲突。在我看来，如果真相与和解委员会能够以儒家官员为榜样，更为普遍地实现以人为中心的目标，那就太明智了。

现在，我希望看到两条清楚的平行线。一方面，当有人犯罪时，自由、自主的个体要求真相委员会给予法律正义；另一方面，当反人类行为破坏社会或家庭内部的纽带时，角色人向真相委员会寻求和解。当然，自由的个体能够而且确实也讲和解，角色人能够而且确实也寻求法律正义，这都是正当的。但是，正如第二代权利更加自然地包含了第一代权利，而非相反，我相信，同样，伴随修复式正义而来的会是和解，它比法律正义更加宽宏。

除了修复式正义，建立在个人权利之上的其他形式的正义当然也在国家事务中有一席之地，但是和解需要更多的、不同的想法——忏悔、悔过、赎罪、宽恕、救赎，儒家对这些概念的解读更有利于我们当今这个充满了冲突的世界的发展。我相信，西方以及其他地方的冲突不少于往日处于儒家文化圈的东亚。

我必须强调，这里提到的这些概念是儒学的理解，它们非常具有启发性。比如，这里面没有报复的概念。不幸的是，就我所理解，在早期的儒家看来，应报式正义具有浓烈的报复味道。报复确实不利于真正的和解，我们会向伤害我们的家庭成员复仇吗？

关于跨文化对话

快速讲完儒家的劝说方式后，我来做个总结，简单描述其应用潜力，以促进更国际化的伦理框架的发展。我必须直截了当地说，全球伦理的想法不能只是一个幌子，实际上却在出售称霸几个世纪的西方哲学，并把西方哲学当作具有普遍性的伦理。许多人都把各种形式的全球伦理看作西方（或第一世界）的另一种企图，一种西方推行霸权主义、帝国主义的企图，很多人认为资本主义国家企图称霸、控制以及剥削世界其他地区。这种看法不是毫无道理的。我们至少能说，全球伦理是一种过于墨守成规地看待我们与他人的互动的方式，仅仅遵照社会契约、地产、完全的程序公正、竞争、理性选择理论等等，这些会扰乱我们的思维。关于人类为什么以及要如何团结在一起，我们可能会想到许多其他方法。

但是，对基本道德理解的追求还必须包括语境伦理，这是一种道德方向，确认人与机构的身份，以及当地的文化、经济和政治等情况，而不是以此来替代法律道德和政治。换句话说，一方面，伦理学家必须找到方法，使得人们既能实现具有普遍性的理想，又能避免异常的副作用，并且真正实现多元化，考虑到重要的语境元素，使不同文化背景下实际生活中的人和社会机构发挥作用，同时避免陷入盲目的相对主义。语境伦理基于这样一种假设：就像基因多元化对所有生物都很重要一样，文化（语言）多元化对人类繁荣也有重要意义。

因此，我们要寻求一个共同的道德和发展语境伦理，并使他们相互补充。如果没有对世界范围内具体而特殊的文化规范保持敏感性，那么当今深受怀疑的一刀切的价值观将继续在世界的许多地方遭到抵抗；如果这种思想继续占据我们的头脑，那么一刀切的价值观将会越来越失去有效性，我们也无法扭转政治、社会和环境上的多重不良现象，这将会使越来越多的人每天深受不良影响。这有可能对每个人的思维都产生极权主义的影响，无疑将遏制人类的创造力、表达力和快乐感，甚至超出"老大哥"想实现的梦想。

同时，在一种特定文化中的生活会导致孤立主义倾向，而在当今我们生活的地球村以及各国日益多元的文化里，这已不再可能。更糟糕的是，这将使我们的思维枯竭，让孤立主义者看不到自身文化的种种可能性。传承人不知什么是真的，什么是美的。当我们面对（以非威胁的方式）其他形式的智识、美学和精神生活时，我们要扩大智识、美学和精神视野。

当今，我们既需要国际伦理取向，也需要语境伦理取向。很难找到结合不同范畴又能满足不同需求的概念；如果只用当代西方思想的概念工具，这种概念就更不可能被找到了，因为当代西方思想基于自主的个体，并为了其自身利益而与其他个体讨价还价。我们需要一个更加宏大的概念性框架。如果不同文化对同样或相似的情况有不同的治理方式，那么怎么从中选择一个世界性的方法？与此相关的是，如何把普通的抽象与独特的具象结合起来呢？

来源于家庭的儒家角色伦理也许是一个我们开始与他人对话的地方。我相信，我们可能有几个理由来对其成效表示谨慎和乐观。首先是语言问题。我没有确认过，但我怀疑世界上3000多种人类语言中的几百种都有"功德""道义的""目的论的""原告""诡辩""天体演化的"这些表达，或者与其相似的表达。但是，"父亲""母亲"和"祖母"等词语都有亲属词，从文化上讲，都有规范性内涵嵌入其中。基本的词汇量可以帮助我们针对价值排序进行对话，使被语言和文化隔开的人们开始互相理解，并更加紧密地合作，以建立更加和平的国际关系。

　　我想这是程序化发展方向，因为我们必须将其理解为对这一变化的拥抱。我在第二章中描述的适当标准基本建立在注重个人主义的西方哲学框架上，这在国际环境下可能不是今后最好的标准，不会成为被人接受的道德准则，而基于角色的道德可能取而代之。

　　我提出这个观点的原因是，所有文化几乎都由家庭组成。因此，无论在什么情况下，我们都可以直接看到、感觉到并理解到，所有人都是紧密相连的，因为在每个文化里都有许许多多的父母、儿女、叔叔、婶婶、邻居、祖父母、教师、学生、同事和朋友。比如，无论肤色、种族或其他差异，我们的祖父母都一样拥有希望、恐惧和价值观，所以当我们想到几百万美国老人没有医疗服务时，我们就可能想到我们的祖母或祖父，从道德（或精神）上讲，这可能会让反对国家医疗服务和忽视老人的现象有所好转。换句话说，角色可能起到很重要的概念作用，而其他伦理概念则做不到这一点。对于儒家追随者来说，我们是兄弟姐妹的保护人。在许多文化里，这就是兄弟或姐妹的意义，我们通过角色与他人进行的互动就属于兄弟姐妹关系，在多数文化里，道德和其他方面之间没有明显的割裂。

　　我推崇儒家的角色人并以此作为跨文化对话概念框架的另一个原因是其对礼仪和传统的重视。当然，对孔子来说，这些礼仪和传统适合其时代和地域，但这是一个宽广的视野，在不同文化里，有许多对逝者的祭祀仪式，还有很多其他活动的仪式，从婚礼到洗礼再到乔迁宴。不同的传统是文化之间的区别（有时，相同的文化或主要礼仪会把不同文化背景的人联系在一起）。礼仪、习俗或传统的礼仪、习俗的概念非常重要，当然，每种文化中都有这些概念。

　　儒家角色伦理不建立在任何形而上或神学的基础上，对来自任何文化背景的人都不会产生威胁感，不会被人指责为文化帝国主义，只要那种文化里有父母、孩子、祖父母、邻居、朋友及其他概念，还有其他一些与角色互动相关的基本概念，如以下几个例子：爱/爱慕、尊重/恭敬、信任/诚实、帮助者/被帮助者、适宜/合适、不适宜/不合适、愉悦/悲伤。这些概念从很大程度上来说由自身的不同责任所界定，因此，即使这些责任在不同文化语境中有不同内涵，角色伦理也可以给有关共性与差异性的讨论提供愿景。儒家思想要求我们谨慎地处世待人，符合我们的传统礼仪和文化习俗，让我们作为角色人与家庭成员相处，然后向外延伸。儒家思想具有高度的特殊性，并被高度情景化。

但同时，因为所有文化中都有祖父母或者儿子、女儿、父母、亲戚、邻居和朋友，所以，我们可以在多元世界中有关可接受的适当的道德准则的元讨论的语境下，做一个概括性总结，从跨文化角度来确定合适的道德行为方向，并消除负面因素（第二章）。因此，我们可以优化全球适当性标准。换句话说，我们应该接受道德多样性和多元性的事实，然后再思考有何共性或者需要共同面对的问题，以及为了解决这些问题，是否有可能制定共同的人类行为规范标准（比如共同的道德）。

正如我在前面所提到的，让我大胆猜测一下，几乎每一种文化都以同样的方式看待祖父母、父母、朋友或教师的角色。因此，我们可以在保留伦理多元性的同时坚信，在可接受的道德准则的适当性标准上，我们可以达成广泛共识，走出彻底相对主义的致命思想误区，开辟一条新的道路。在某些问题上达成的全球共识并不妨碍我们欣赏其他文化的独特性，各种文化的确需要交流互鉴。

参考文献

Abrahms, Sally. "Life after Divorce." *AARP Bulletin*, June 2012.

Ames, Roger T. *Confucian Role Ethics: A Vocabulary.* Hong Kong: The Chinese University of Hong Kong Press, 2011.

Ames, Roger T. and Henry Rosemont Jr. (translators). The Analects of Confucius: *A Philosophical Translation.* New York:Ballantine Books, 1998.

——. "Were the Early Confucians Virtuous?" In *Ethics in Early China*, edited by Chris Fraser, Dan Robins and Timothy O'Leary. Hong Kong: Hong Kong University Press, 2011.

——. "From Kupperman's Character Ethics to Confucian Role Ethics." In *Moral Cultivation and Confucian Character:Engaging Joel J. Kupperman*, edited by Chenyang Li and Peimin Ni. Albany: SUNY Press, 2014.

——. "Traveling Through Time with Family and Culture: Confucian Meditations." In *Landscape and Traveling East and West: A Philosophical Journey*, edited by Hans-Georg Moeller and Andrew K. Whitehead. London: Bloomsbury Academic, 2014.

Angle, Stephen. "Piecemeal Progress: Moral Traditions, Modern Confucianism, and Comparative Philosophy." In *Ethics in Early China*, edited by Chris Fraser, Dan Robins and Timothy O'Leary. Hong Kong: Hong Kong University Press, 2011.

Ariès, Phillippe, et al. *A History of Private Life.* 5 volumes. Cambridge, MA: Belknap Press/Harvard University Press, 1992—1998.

Badinter, Elisabeth. "The Tyranny of Breast-Feeding." *Harper's*, 2012: 324.

Barnes, Jonathan (editor). *The Complete Works of Aristotle.* Princeton: Princeton University Press, 1984.

Bauer, Joanne R. and Daniel A. Bell. *The East Asian Challenge for Human Rights.* Cambridge: Cambridge University Press, 1999.

Bellah, Robert, et al. *Habits of the Heart: Individualism and Commitment in American Life.* Berkeley: University of California Press, 1985.

Berlin, Isaiah. *Liberty: Incorporating Four Essays on Liberty.* Cambridge: Oxford University Press, 2002.

Bob, Clifford. *The International Struggle for New Human Rights.* Philadelphia: University of Pennsylvania Press, 2009.

Bockover, Mary (editor). *Rules, Rituals and Responsibility: Essays Dedicated to Herbert Fingarette.* Chicago & La Salle: Open Court Publishing Company, 1991.

—. "Confucianism and Ethics in the Western Philosophical Tradition II: A Comparative Analysis of Personhood." *Philosophy Compass,* 2010: 5.4.

—. "The Virtue of Freedom." In *Polishing the Chinese Mirror: Essays in Honor of Henry Rosemont, Jr.,* edited by Marthe Chandler and Ronnie Littlejohn. New York: Global Scholarly Publications, 2008.

Boulding, Kenneth E. *The Image: Knowledge in Life and Society.* Ann Arbor: University of Michigan Press, 1956.

Brandom, Robert. *Making It Explicit: Reasoning, Representing, and Discursive Commitment.* Cambridge, MA: Harvard University Press, 1998.

Brecht, Bertolt. *The Threepenny Opera.* London: Penguin, 2007.

Brooks, David. "Longer Lives Reveal the Ties That Bind Us." *The New York Times—Op-Ed Page*, October 12, 2005.

Butler, Richard. "George Santayana: Catholic Atheist." *Spirituality Today*, winter, 1986.

Bynum, William F., Janet Browne and Roy Porter. *Dictionary of the History of Science.* Princeton: Princeton University Press, 1982.

Calvino, Italo. *If on a Winter's Night a Traveler.* New York: Everyman's Library, 1993.

Chan, Joseph. *Confucian Perfectionism: A Political Philosophy for Modern Times.* Princeton: Princeton University Press, 2014.

Chandler, Marthe and Ronnie Littlejohn. *Polishing the Chinese Mirror: Essays in Honor of Henry Rosemont Jr.* New York: Global Scholarly Publications, 2008.

Ching, Julia. "Chinese Ethics and Kant." *Philosophy East & West*, 1978: 28.2.

Chisholm, Roderick. *Person and Object*: *A Metaphysical Study*. London: George Allen & Unwin, 1976.

Chomsky, Noam. *Reflections on Language.* New York: Pantheon Books, 1975.

—. *Rogue States.* Boston: South End Press, 2000.

—. "Market Democracy in a NeoLiberal Order: Doctrines and Reality." *Z Magazine*, November 1997.

Collins, Randall. *The Sociology of Philosophies: A Global Theory of Intellectual Change.* Cambridge, MA: Harvard University Press, 2000.

Cook, Daniel J. and Henry Rosemont Jr. (translators). *Leibniz: Writings on China.* Chicago & La Salle: Open Court Publishing Company, 1994.

Cooper, Marc. "A Town Betrayed: The Closing of the British Pertroleum Oil Refinery in Lima, Ohio Left the Townspeople Feeling Betrayed (Cover Story)". *Nation*, 1997: 265.2

Dennett, Daniel. *Brainstorms*: *Philosophical Essays on Mind and Psychology.* Boston: Bradford Books/MIT Press, 1981.

Diamond, Jared. *Guns, Germs, and Steel.* New York: W.W. Norton & Company, 1999.

Donne, John. *No Man Is an Island.* London: The Folio Society, 1997.

Fingarette, Herbert. *Confucius—The Secular as Sacred.* New York: Harper Torchbooks, 1972.

—. *Death: Philosophical Soundings.* Chicago & La Salle: Open Court Publishing Company, 1996.

—. *Self-Deception.* Berkeley: University of California Press, 2000.

—. The Music of Humanity in the Conversations of Confucius. *Journal of Chinese Philosophy*, 1983: 10.4.

Finley, Moses. *The World of Odysseus.* New York: Viking Press, 1978.

Flanagan, Owen. *The Problem of the Soul*: *Two Visions of Mind and How to Reconcile Them.* New York: Basic Books, 2002.

Fletcher, Ian. "Libertarianism: The New Anti-Americanism." *HuffPost Politics.* January 19, 2011.

Friedman, Milton. *Free to Choose.* Wilmingon: Mariner Books, 1990.

—. *Why Government Is the Problem*. Stanford: Hoover Institution Press, 1993.

Friedman, Milton and Rose Friedman. *Capitalism and Freedom*. Chicago: University of Chicago Press, 2002.

Fromm, Erich. *Marx's Concept of Man*. New York: Frederick Ungar, 1966.

Fuentes-Nieva, Ricardo and Nick Galasso. *Working for the Few: Political Capture and Economic Inequality*. Oxfam Briefing Paper, Oxfam International, January, 2014.

Galbraith, John Kenneth. *Brainy Quotes*. 2014. http://www.brainyquote.com/quotes/quotes/j/johnkennet107301.html (accessed April 11, 2014).

Gauthier, David. "The Social Contract as Ideology." *Philosophy and Public Affairs*, winter, 1977.

Geisz, Steven. "Aging, Equality, and Confucian Selves." In *Value and Values: Economics and Justice in an Age of Global Interdependence*, edited by Roger T. Ames and Peter D. Hershock. Honolulu: University of Hawai'i Press, 2014.

Gettier, Edmund. "Is Justified True Belief Knowledge? ". *Analysis*, 1963: 23.

Giskin, Howard and Bettye Walsh. *An Introduction to Chinese Culture Through the Family*. Amherst: SUNY Press, 2001.

Gladwell, Malcolm. *Blink: The Power of Thinking Without Thinking*. Boston: Back Bay Books, 2007.

Goody, Jack. *The East in the West*. Cambridge: Cambridge University Press, 1996.

Greenwood, John. "A Sense of Identity: Prolegomena to a Social Theory of Personal Identity." *Journal for the Theory of Social Behavior*, 1994: 24.1.

Gutting, Gary. *What Philosophers Know*: *Case Studies in Recent Analytic Philosophy*. Cambridge: Cambridge University Press, 2009.

Haines, William. "Confucianism and Moral Intuition." In *Ethics in Early China*, edited by Chris Fraser, Dan Robins and Timothy O'Leary. Hong Kong: Hong Kong University Press, 2011.

Hall, David L. and Roger T. Ames. *Anticipating China: Thinking Through the Narratives of Chinese and Western Culture*. Albany: SUNY Press, 1995.

—. *Thinking Through Confucius*. Albany: SUNY Press, 1987.

—. *The Democracy of the Dead: Dewey, Confucius, and the Hope for Democracy in China*. Chicago & La Salle: Open Court Publishing Company, 1999.

Halpern, Sue. *Can't Remember What I Forgot.* New York: Harmony Books, 2008.

Hansen, Chad. "The Normative Impact of Comparative Ethics." In *Confucian Ethics: A Comparative Study of Self, Autonomy, and Community*, edited by Kwong-loi Shun and David Wong. Cambridge: Cambridge University Press, 2004.

Hardy, Thomas. *Heredity.* (various editions), 1917.

Havel, Václav. *Living in Truth.* New York: Faber & Faber, 1987.

Hayden, Delores. *Seven American Utopias: The Architecture of Communitarian Socialism, 1790—1975.* Cambridge, MA: MIT Press, 1979.

Hayek, Friedrich. *The Road to Serfdom.* Chicago: University of Chicago Press, 2010.

—. *Individualism and Economic Order.* Chicago: University of Chicago Press, 2012.

Hegel, G. W. F. *The Phenomenology of Mind.* Mineola: Dover Philosophical Classics, 2003.

Helwig, Uwe. "Me, Myself, and I." *Scientific American Mind*, 2010: 21.3.

Hershock, Peter. *Buddhism in the Public Sphere: Reorienting Global Interdependence.* New York: Routledge, 2006.

Houseman, Alfred Edward. *Last Poems.* New York: Henry Holt & Co., 1922.

Human Rights: A Compilation of International Instruments. New York: United Nations Press, 2002: 2.

Hume, David. *A Treatise of Human Nature.* Harmondsworth: Penguin Books, 1985.

Huxley, Aldous. *The Doors of Perception & Heaven and Hell.* London: Penguin Books, 1963.

Hylton, Peter. *Stanford Encyclopedia of Philosophy.* Spring, 2014 archive.

Ivanhoe, Philip J. "Filial Piety as a Virtue." In *Filiam Piety in Chinese Thought and History*. Edited by Alan Chan and Sor-hoon Tan. London & New York: Routledge Curzon, 2004.

Jackson, Mahalia. *Movin' On Up.* New York: Hawthorn Books, 1966.

James W. Ely Jr. *The Guardian of Every Other Right.* Cambridge: Oxford University Press, 1992.

Jecker, Nancy S. "Are Filial Duties Unfounded?" *American Philosophical Quarterly*, January, 1989: 26.1

Jiang, Yang, Mercedes Ekono and Curtis Skinner. "Basic Facts about Low-Income

Children." *National Center for Children in Poverty.* February 2014.

Johnson, Diane. "Mothers Beware." *New York Review of Books*, June 21, 2012.

Kaplan, Laura Duhan. *Family Pictures: A Philosopher Explores the Familiar.* Chicago & La Salle: Open Court Publishing Company, 1998.

Kant, Immanuel. *Anthropology from a Pragmatic Point of View.* Edited by V. L. Dowdel. Carbondale: Southern Illinois Press, 1978.

—. "Idea of a Universal History from a Cosmopolitan Point of View." In *On History*, translated by Lewis White Beck. Indianapolis: Bobbs-Merrill Library of Liberal Arts, 1983.

—. *Critique of Pure Reason.* Translated by Norman Kemp Smith. New York: Palgrave Macmillan, 2003.

—. *Groundwork for the Metaphysics of Morals.* Cambridge: Cambridge University Press, 2013.

Keightley, David. *These Bones Shall Rise Again: Selected Writings on Early China.* Albany: SUNY Press, 2014.

Kellman, Peter. *Building Unions*: *Past, Present and Future.* Ann Arbor: Axel Press, 2001.

Kertzer, David and Marzio Barbagli (editors). *The History of the European Family.* New Haven: Yale University Press, 2002.

King, Sallie B. *Socially Engaged Buddhism.* Honolulu: University of Hawai'i Press, 2009.

Korner, Stephen. *The Philosophy of Mathematics*: *An Introductory Essay.* Atlantic Highlands: International Humanities Press, 1971.

Korsgaard, Christine. *Creating the Kingdom of Ends.* Cambridge: Cambridge University Press, 1996.

Krausz, Michael. *Dialogues on Relativism, Absolutism, and Beyond: Four Days in India.* Lanham: Rowman & Littlefield, 2011.

—. *Oneness and the Displacement of Self: Dialogues on Self-Realization.* Amsterdam: Rodopi, 2013.

Kupperman, Joel. "Why Ethical Philosophy Needs to Be Comparative." *Philosophy*, 2010: 85.2.

Lau, D.C. (translator). *Mencius.* London: Penguin, 1970.

Legge, James (translator). *The Chinese Classics*. Shanghai: Kelly & Walsh, 1895.

Legge, James (translator). *Li Ji: The Book of Rites*. Edited by Ch'u and Winberg Chai. New Hyde Park: University Books, 1967.

Lerdahl, Fred and Ray Jackendoff. *A Generative Theory of Tonal Music*. Cambridge, MA: MIT Press, 1981.

Levenson, Joseph. *Confucian China and Its Modern Fate*: *A Trilogy*. 3 volumes. New York: ACLS, 2006.

Li, Chenyang. "Li as Cultural Grammar: On the Relation Between 'Li' and 'Ren' in Confucius' *Analects*." *Philosophy East & West*, 2007: 57.3.

Li, Chenyang and Peimin Ni (editors). *Moral Cultivation and Confucian Character: Engaging Joel J. Kupperman*. Albany: SUNY Press, 2014.

Li, Jin. *Cultural Foundations of Learning: East and West*. Cambridge: Cambridge University Press, 2012.

Lifton, Robert J. *Thought Reform and the Psychology of Totalism: A Study of Brainwashing in China*. Chapel Hill: University of North Carolina Press, 1989.

Lindley, Richard. *Autonomy*. Atlantic Highlands: Humanities International Press, 1986.

Locke, John. *The Second Treatise on Civil Government*. Amherst: Prometheus Books, 1986.

Luhmann, Niklas. "The Individuality of the Individual." In *Reconstructing Individualism: Autonomy, Individuality and the Self in Western Thought*, edited by Thomas C. Heller, Moirton Sonsa and David Wellbury. Stanford: Stanford University Press, 1986.

Lund, Lauren. "People With Problems Have Problems." *Daily Kos*. July 23, 2014.

Machan, Tibor (editor). *Morality and Social Justice*: *Point/Counterpoint*. Lanham: Rowman & Littlefield, 1995.

MacIntyre, Alasdair. "Questions for Confucians: Reflections on the Essays in Comparative Study of Self, Autonomy, and Community." In *Confucian Ethics: A Comparative Study of Self, Autonomy, and Community*, edited by Kwong-loi Shun and David Wong. Cambridge: Cambridge University Press, 2004.

Macpherson, C. B. *The Political Theory of Possessive Individualism: Hobbes to Locke*. New York: Oxford University Press, 1964.

McCarthy, Erin. *Ethics Embodied: Rethinking Selfhood Through Continental,*

Japanese, and Feminist Philosophies. Lanham: Lexington Books, 2010.

McCumber, John. "The Failure of Rational Choice Philosophy." *The Stone-New York Times Opinionator Page*, June19, 2011.

"Memorial for Slain Journalist Steven Sotloff: Is There a Sorrow Greater than This?" *South Florida Sun Sentinel.* September 5, 2014.

Metzinger, Thomas. *Being No One: The Self-Model Theory of Subjectivity.* Cambridge, MA: MIT Press, 2003.

Mikics, David (editor). *The Annotated Emerson.* Cambridge, MA: Harvard University Press, 2012.

Mill, John Stuart. *A System of Logic, Ratiocinative and Inductive.* London: Longmans, Green, 1930.

—. *Dissertations and Discussions.* Boston: Adamant Media Corporation, 2000.

—. *On Liberty.* New York: Library of Liberal Arts, 1956.

Minow, Martha and Mary Shanley. "Relational Rights and Responsibilities: Revisioning the Family in Liberal Political Theory and Law." *Hypatia*, 1996: 11.1.

Moore, George Edward. *Some Main Problems of Philosophy.* New York: Colleir Books, 1953.

Murck, Alfreda. "Golden Mangoes: The Life Cycle of a Cultural Revolution Symbol." *Archives of Asian Art*, 2007: 57.

Nagel, Thomas. *Mortal Questions.* Cambridge: Cambridge University Press, 1978.

Nickel, James. *Making Sense of Human Rights: Philosophical Reflections on the Universal Declaration of Human Rights.* Berkeley: University of California Press, 1987.

Ni, Peimin. "*Gongfu*: A Vital Dimension of Confucian Teaching." In *Confucius Now: Contemporary Encounters with the* Analects, edited by David Jones. Chicago & La Salle: Open Court Publishing Company, 2008, pp. 167-187.

Noddings, Nel. *Caring: A Relational Approach to Ethics and Moral Education.* Berkeley: University of California Press, 1984.

—. *The Maternal Factor: Two Paths to Morality.* Berkeley: University of California Press, 2010.

Nozick, Robert. *Anarchy, State. and Utopia.* New York: Basic Books, 1977.

Nussbaum, Martha. "In a Lonely Place." *Nation*, 2006: 282.8.

Nylan, Michael. "Golden Spindles and Axes: Elite Women in the Achaemenid and Han Empires." In *The Sage and the Second Sex*, edited by Chenyang Li. Chicago & La Salle: Open Court Publishing Company, 2000.

Nylan, Michael and Harrison Huang. "Mencius on Pleasure." In *Polishing the Chinese Mirror: Essays in Honor of Henry Rosemont, Jr.*, edited by Marthe Chandler and Ronnie Littlejohn. New York: Global Scholarly Publications, 2008.

Olberding, Amy. *Moral Exemplars in the* Analects*: The Good Person Is That.* New York: Routledge, 2013.

—. "Slowing Death Down: Mourning in the *Analects*." In *Confucius Now: Contemporary Encounters with the* Analects, edited by David Jones. Chicago & La Salle: Open Court Publishing Company, 2008.

Olson, Mancur. "Development Depends on Institutions." *College Park International*, April, 1996.

O'Neill, Onora and William Ruddick (editors). *Having Children: Philosophical and Legal Reflections on Parenthood.* New York: Oxford University Press, 1979.

Orme, Nicholas. *Medieval Children.* New Haven: Yale University Press, 2002.

Owens, Robert. *A New View of Society.* Prism: Key Press, 2013.

Ozment, Steven. *Ancestors: The Loving Family in Old Europe.* Cambridge, MA: Harvard University Press, 2002.

Piketty, Thomas. *Capital in the Twenty-First Century.* Translated by Arthur Goldhammer. Cambridge, MA: Harvard University Press, 2014.

Plato. *The Collected Dialogues.* Edited by Edith Hamilton and Huntington Cairns. New York: Pantheon Books, 1961.

Putnam, Hilary. *Reason, Truth and History.* Cambridge: Cambridge University Press, 1981.

Putnam, Robert. *Bowling Alone: The Collapse and Revival of American Community.* New York: Simon & Schuster, 2001.

Quine, Willard. *From a Logical Point of View*: *Nine Logico-Philosophical Essays.* New York: Harper Torchbooks, 1963.

—. *Ontological Relativity.* New York: Columbia University Press, 1969.

Rawls, John. *A Theory of Justice.* Cambridge, MA: Harvard University Press, 1971.

Report of the Organizing Committee on Global Ethics. Lukenya, Kenya, 28 January 2009.

Rescher, Nicholas. *Aporetics: Rational Deliberation in the Face of Inconsistency.* Pittsburgh: University of Pittsburgh Press, 2009.

Restak, Richard. "Empathy and Other Mysteries: Neuroscientists Are Discovering Things about the Brain That Answer Questions Philosophers Have Been Asking for Centuries." *American Scholar*, 2011: 80.1.

Riesman, David, Nathan Glazer and Reuel Denney. *The Lonely Crowd: A Study of the Changing American Character.* New York: Doubleday Anchor Books, 1963.

Roetz, Heiner. *Confucian Ethics of the Axial Age: A Reconstruction under the Aspect of the Breakthrough Toward Postconventional Thinking.* Albany: SUNY Press, 1994.

Rorty, Richard. *Philosophy and the Mirror of Nature.* Chicago: University of Chicago Press, 1971.

—. *The Linguistic Turn: Essays in Philosophical Method.* Princeton: Princeton University Press, 1979.

Rosemont, Henry Jr. *Rationality and Religious Experience: The Continuing Relevance of the World's Spiritual Traditions.* Chicago & La Salle: Open Court Publishing Company, 2002.

—. *A Reader's Companion to the* Confucian Analects. Honolulu: University of Hawai'i Press, 2014.

—, ed. *Chinese Texts and Philosophical Contexts: Essays Dedicated to Angus C. Graham.* Chicago & La Salle: Open Court Publishing Company, 1991.

—. "State and Society in the *Hsün Tzu*: A Philosophical Commentary." *Monumenta Serica*, 1970—1971: 29.

—. "U.S. Foreign Policy: The Execution of Human Rights." *Social Anarchism*, 2000: 27.

—. "On the Non-Finality of Physical Death in Classical Confucianism." *Acta Orientalia Vilnensia*, 2007: 8.2.

—. "Against Relativism." In *Interpreting Across Boundaries*, edited by Gerald J. Larson and Eliot Deutsch. Princeton: Princeton University Press, 1987.

Rosemont, Henry Jr. and Huston Smith. *Is There a Universal Grammar of Religion?.* Chicago & La Salle: Open Court Publishing Company, 2009.

Rosemont, Henry Jr. and Roger T. Ames (translators). *The Chinese Classic of Family Reverence: A Philosophical Translation of the* Xiaojing. Honolulu: University of Hawai'i Press, 2009.

—. "On Translation and Interpretation." In *Eastwards: Western Views on East Asian Culture*, edited by Frank Kraushaar. Bern: Peter Lang, 2010.

Rotberg, Robert and Desmond Thompson (editors). *Truth V. Justice: The Morality of Truth Commissions*. Princeton: Princeton University Press, 2000.

Sandel, Michael. "Justice and the Good." In *Liberalism and Its Critics*, edited by Michael Sandel. New York: New York University Press, 1984.

Schuon, Fridjof. *The Transcendental Unity of Religions*. New York: Harper Torchbooks, 1975.

Schwartzman, Lisa. "Liberal Rights Theory and Social Inequality: A Feminist Critique." *Hypatia*, 1999:14.2.

Shattuck, Rachel and Rose Krieder. *Social and Economic Characteristics of Currently Unmarried Women with a Recent Birth:2011*. U.S. Census Bureau, 2013.

Shone, Steve and Tyiandei Gnounei. *Lysander Spooner: American Anarchist*. Lanham: Lexington Books, 2010.

Shun, Kwong-loi. "Conception of the Person in Early Confucian Thought." In *Confucian Ethics: A Comparative Study of Self, Autonomy, and Community*, edited by Kwong-loi Shun and David Wong Cambridge: Cambridge University Press, 2004.

Shun, Kwong-loi and David Wong. *Confucian Ethics: A Comparative Study of Self, Autonomy, and Community*. Cambridge: Cambridge University Press, 2004, p. 78.

Singer, Peter. *The Life You Can Save: How to Do Your Part to End World Poverty*. New York: Random House, 2009.

Sommers, Christina Hoff. "Filial Morality." *The Journal of Philosophy*, 1986: 83.8.

Spence, Jonathan. *The Memory Palace of Matteo Ricci*. London: Penguin Books, 1985.

Szalai, Jennifer. "Mother Natures." *Nation*, 2012: 294.23.

Tan, Sor-hoon. *Confucian Democracy: A Deweyan Reconstruction*. Albany: SUNY Press, 2004.

The U.N. Declaration of Human Rights 1948—1988 Human Rights, the U.N. and Amnesty International. AIUSA Legal Support Network, 1988.

Thoreau, Henry David. *The Higher Law*: *Thoreau on Civil Disobedience and Reform*. Princeton: Princeton University Press, 2004.

—. *The Annotated Walden*. Edited by Philip Van Doren Stern. New York: Clarkson Potter Books, 1970.

Tillman, Margaret Mih and Hoyt Cleveland Tillman. "A Joyful Union: The Modernization of the Zhu Xi Family Wedding Ceremony." *Oriens Extremus*, 2010: 49.

Traphagan, John. *Rethinking Autonomy: A Critique of Principlism in Biomedical Ethics*. Albany: SUNY Press, 2013.

Trauzettel, Rolf. "Two Mythological Paradigms of the Constitution of Personhood." Bonn: Bonn University, 2012.

Turnbull, Colin. *The Mountain People*. New York: Simon & Schuster, 1972.

Tutu, Desmond and Commissioners. *Truth and Reconciliation Commission of South Africa Report*. New York: Palgrave Macmillan, 1999.

Twiss, Sumner. "Constructive Framework for Discussing Confucianism and Human Rights." In *Confucianism and Human Rights*, edited by William Theodore de Bary and Tu Weiming. New York: Columbia University Press, 1998.

Van Doren Stern, Philip. *The Annotated Walden*. New York: Clarkson Potter Books, 1970.

Von Mises, Ludwig. *Human Action*. Indianapolis: The Liberty Fund, 2007.

—. *Socialism: Economic and Sociological Analysis*. Indianapolis: Liberty Fund, 1986.

Waldron, Jeremy. *Theories of Rights*. New York: Oxford University Press, 1984.

Watson, Burton (translator). Hsun Tzu: *Basic Writings*. Columbia: Columbia University Press.

Waley, Arthur. *The Odes*. New York: Grove Press, 1960.

Wilhelm, Richard and Cary F. Baynes (translators). *The I Ching, or Book of Changes*. Princeton: Princeton University Press, 1962.

Willett, Cynthia. *Maternal Ethics and Other Slave Moralities*. London: Routledge, 2013.

Wittgenstein, Ludwig. *Philosophical Remarks*. Chicago: University of Chicago Press, 1980.

Wong, David. *Natural Moralities: A Defense of Pluralistic Relativism*. New York: Oxford University Press, 2009.

—. "Relational and Autonomous Selves." *Journal of Chinese Philosophy*, 2004: 31.4, pp, 419-432.

—. "The Different Faces of Love in a Good Life." In *Moral Cultivation and Confucian Character*, edited by Chenyang Li and Peimin Ni. Albany: SUNY Press, 2014.

Worthen, Molly. "Single Mothers with Family Values." *New York Times—Sunday Review Section*, October 27, 2013, p. 1.

Xunzi. *Hsün Tzu: Basic Writings.* Translated by Burton Watson. New York: Columbia University Press, 1963.

后　记

每个人都有两次生命。第二次生命始于你意识到自己只有一次生命时。

——史蒂文·索特洛夫[①]

　　我对基础个人主义及其相关理念的批判到此结束，对道德在人类中扮演的基础地位的推崇也到此为止。我认为，人类是永远相互依赖并以家庭为基础的群体。我希望，无论共同还是单独来看，基础个人主义和道德都能够帮助我们重新思考道德、政治、家庭等问题，以便让我们更成功地改变人类的轨迹——让我们全体重新思考作为人类的意义。

　　个体自我在很大意义上都是最可怕的对手，因此我无法自信地说我的挑战成功了。基础个人主义和个体自我的概念主要有以下危害：（1）基础个人主义在心理上对我们思考自身的方法有很大的影响，尽管我们很难向自己（或他人）解释这一点，我们也很难想象自己成为个体自我之外的任何人后会是怎么样；（2）个体自我在概念上支持资本主义，因此它无所不在，遍布于社会、经济和政治机构之中，精英阶层在保持个体自我的发展方面与之有很强的利害关系；（3）有关基础个人主义的理念曾对人类状况的改善做出诸多贡献，但其智慧和道德资源还有待开发；（4）通过强调自由和自治，基础个人主义可被视为一系列公认的道德准则的基础；（5）个体自我一直被认为是无个性的——通常也无意识的——集体主义的唯一替身，而集体主

① "Memorial for Slain Journalist Steven Sotloff: Is There a Sorrow Greater than This?" *South Florida Sun Sentinel.* September 5, 2014.

义则身处"老大哥"或其他人的监视之下。

此外，我们也不难理解和支持儒家角色人的观点，因为儒家对人的定义非常适合说明多数有血有肉的人的日常生活，而且这一定义看起来比个人主义的定义更少受到文化的束缚。不过，我也不确定自己在这方面是否获得了诸多成功，因为我担心读者会觉得我对世界的标准持有不同观点，或者认为我的说法过于异想天开，不能作为个人主义的现实替代品。我强烈的个人和心理成分不仅不能与个人主义情感兼容，而且不能与过去二百多年来构成美国社会诸多机构的道德、政治和经济等逻辑兼容。

然而，基础个人主义具有以下特点：（1）它几乎是全然错误或不连贯的，也因此不应被用于说明任何理念的正当性，更不用说我们已有的理论；（2）我们不应该将其作为有用的虚构概念进行保留，因为其破坏性已大于有用性；（3）那些被颂扬且体现在我们的立法、法庭和选举过程中的价值观也在相当程度上安于现状的维持。

更糟的是，基础个人主义还具有以下危害：（1）我们无法说这一现状是不道德的，因为自由主义者可以基于基础个人主义而提出论点，为其对社会正义的否定占据道德高地；（2）任何基于竞争的社会经济体系必定有输有赢，并需要通过对人性持有高度存疑的观点才能证明该体系的正当性；（3）资本主义体系和隐含的意识形态对我们地球环境的稳步退化负有巨大责任，地球环境的恶化程度要远远超过改善程度；（4）当今世界面临的诸多其他问题已表现出恶化迹象，我们或许还会看到更多的暴力和社会不平等现象，而当前的体系似乎无法控制这一局面，更不用说预防该局面的出现，除非借助进一步的暴力。

在我看来，继续支持甚至为这样一个资本主义体系及其理念辩护都是不理智的，具有权威的人则是例外，因为他们这么做是为自身服务。如果服从当前体系，就意味着要做一个现实主义者，那么，于我而言，唯一理智且道德的事就是做一个理想主义者，特别是当我们都可以看出当前的体系并不是唯一的选择时。今天，美国有数以万计的家庭的生活水平正如我在本书后半部分描述的那样，并且很可能还有更多的美国人会生活在同等水平。我承认，这是理想主义，但并非不合理。

我在前面提到，创建一个理想国是不可能的。苏格拉底在创建"理想国"的时候驱逐了所有十岁以上的人，这是有原因的[①]：对于每个尚存的国家而言，财富和权力分布都是不均的——还有伴随的意识形态——除了暴力，没有什么能彻底做出改变。因此，今天寻求变化的人必须试着改善已有的国家，已经有许多友好家庭在帮助他们铺垫根基，前提是有更多的家庭观念能够战胜所谓自由主义者和保守主义者之间的分歧。普遍的个人主义观念在本质上是反对家庭的，这种观念强调独立自主而非相互依赖，强调竞争而非合作，强调讨价还价而非增进关系，它在其他方面对各类家庭构成了威胁，而没有这些家庭我们的其他机构也无法运转。此外，这种观念代价很高。

当然，我并不仅仅在与政治变革者对话。从政治回到个人，我强调了我们可以在何种程度上扮演角色、认同角色和践行角色赋予我们的使命——这些构成了我们的身份。角色人是由他们的责任而非自主权和自由定义的，但是他们需要很多补充，比如美学、道德、社会等方面的补充。这些我都在本书中描述过，此处不再重复。我的确希望读者特别注意到我提出的观点，即角色伦理是一个很好的概念，与基础个人主义的道德准则一样，因此，如果舍弃个人主义，那么我们丢失的东西少之又少。但反之不然：自由、理性、自主的个体看不到人类生活的丰富性和诸多欢乐；而这是角色人的特点，他们知道自己是谁以及未来将成为谁，他们才是自由、理性、自主的个体。以人类为中心的发展方向使我们能够保留那些感人、美好、持久并有意义的内容，摒弃几千年来形成的若干特殊文化表现形式中令人反感的部分。

你想要成为谁？

你想要他人成为谁？

---

① 《理想国》第四章，第25—27页。